NCS기반
항공객실서비스

객실 승무 관리

Cengage

NCS Aircraft Cabin Service: Cabin Service Regulations

Yim Yeon Kyoung

ISBN-13: 978-89-6218-562-1

Cengage Learning Korea Ltd.
14F YTN Newsquare 76 Sangamsan-ro
Mapo-gu Seoul 03926 Korea

Cengage is a leading provider of customized learning solutions with employees residing in nearly 40 different countries and sales in more than 125 countries around the world. Find your local representative at: **www.cengage.com.**

To learn more about Cengage Solutions, visit **www.cengageasia.com**

Printed in Korea
Print Number: 01 Print Year: 2024

NCS기반
항공객실서비스

객실 승무 관리

Cabin Service Regulations

임연경 지음

Cengage

Australia • Brazil • Canada • Mexico • Singapore • United Kingdom • United States

임연경 현) 제주관광대학교 항공서비스과 초빙교수
현) 한국항공객실안전협회 제주지부장
인하공업전문대학 항공운항과 졸업
세종대학교 호텔관광경영학과 석사
제주대학교 관광개발학과 박사수료
대한항공 객실승무원 12년 근무, 객실부사무장
대한항공 웹사이트 모델

NCS기반 항공객실서비스

객실 승무 관리

초판 1쇄 인쇄 2024년 3월 14일
초판 1쇄 발행 2024년 3월 21일
지은이 임연경
발행인 송성헌
편집기획 김민정
발행처 센게이지러닝코리아(주)
등록번호 제313-2007-000074호(2007.3.19)
이메일 asia.infokorea@cengage.com
홈페이지 www.cengage.co.kr
ISBN-13 978-89-6218-562-1

정가 23,000원

머리말

이 교재는 필자가 항공운항과를 졸업하고, 객실 승무원으로 12년간 근무한 후, 현재 제주 소재 대학의 항공서비스과에서 학생들을 지도하는 과정에서 과연 객실 승무원을 준비하는 학생들에게 꼭 필요한 교재가 무엇일까 하는 오랜 고민에서 집필하게 되었다.

객실 승무원 취업을 준비하는 항공서비스과 학생들은 좀 더 생생하고 현장감 있는 기내 상황에서 제반 지식과 능력을 학습하고 싶어하지만, 교내 항공 실습실이 아무리 훌륭하다고 해도 실제 기내 환경이나 기자재를 보유하는 데는 한계가 있다. 따라서 이를 극복할 수 있는 것은 내용이 충실한 교재뿐임을 실감하게 되었다.

또한 항공서비스과를 전공하지 않은 일반학과의 취업 준비생들은 객실 승무원 업무에 대한 정보가 부족하므로, 이러한 문제를 극복하기에 이 교재는 더더욱 도움이 될 것이다.

현재 거의 모든 대학의 항공서비스과에서는 NCS(National Competency Standards, 국가직무능력표준)를 기반으로 한 교육과정을 운영한다. 'NCS 항공 객실 서비스'는 '기내 안전관리' '승객 탑승 전 준비' '승객 탑승 및 이륙 전 서비스' '비행 중 서비스' '착륙 전 서비스' '착륙 후 서비스' '승객 하기 후 관리' '응급 환자 대처' '객실 승무 관리' 등 서비스 절차에 따라 나뉘며, 그에 따른 수행 능력을 평가함으로써 실무 중심의 교육을 목표로 한다. 그러나 NCS 능력 단위를 기반으로 한 체계적인 교재가 드문 실정이어서, 이 책은 'NCS 항공 객실 서비스'를 능력 단위별로 구분하여 정리했다.

이 교재는 '객실 승무 관리'의 능력 단위로 구성되었으며 비행 전반에 걸친 객실 승무원의 업무에 관해 설명한다. 일반 승무원의 업무뿐만 아니라 팀장(사무장)의 업무까지 다루고 있어 더욱 전문적이고 세부적인 업무 능력을 배울 수 있다.

학습하기 전에 반드시 수행 준거를 먼저 살펴본 후, 본문으로 들어가기를 권한다. 학습 후에는 본문의 중요한 내용을 정리하고 다음 장으로 넘어갈 수 있도록, 각 장 뒷부분에 점검 단계 '잠깐! 점검해 볼까요?'를 넣어 구성했다.

아무쪼록 이 교재를 채택한 모든 교수자나 학생이 보다 쉽게 NCS를 기반으로 한 '객실 승무 관리'를 이해하고 활용할 수 있기를 기대하며, 항공서비스과를 전공하는 학생이나 객실 승무원을 준비하는 취업 준비생의 항공 지식 함양에 실질적인 도움이 되길 바란다.

이 교재가 출판되기까지 오랜 시간 검토 및 편집을 도와주신 센게이지러닝코리아㈜에 감사드린다.

2024년 임연경

차례

CHAPTER 2

객실 승무원 근무 배정하기

Work Allocation of Cabin Crew

CHAPTER 3

운항 · 객실 간 정보 공유하기(C.R.M)

Sharing of Flight & In-cabin Information (CRM)

CHAPTER 6

객실 서비스 관리하기

Management of Cabin Service

국가직무능력표준(NCS)

1. NCS 개념

국가직무능력표준(NCS: National Competency Standards)이란 산업현장에서 직무를 수행하기 위해 요구되는 지식, 기술, 소양 등의 내용을 국가가 산업부문별, 수준별로 체계화한 것으로 산업현장의 직무를 성공적으로 수행하기 위해 필요한 능력(지식, 기술, 태도)을 국가적 차원에서 표준화한 것을 의미한다.

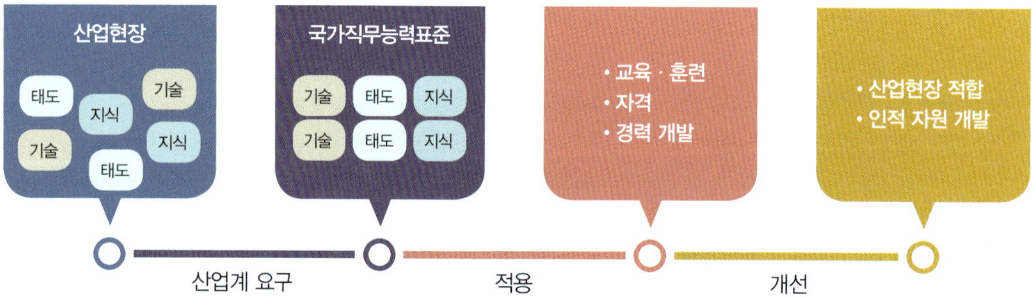

국가직무능력표준 개념도

2. 직무 능력

- 현업에서 요구하는 필수 실무 능력
- 직업인으로서 기본적으로 갖추어야 할 공통 능력
- 해당 직무를 수행하는 데 필요한 역량(지식, 기술, 태도)

이렇게 달라졌어요!
보다 효율적이고 현실적인 대안 마련

1. 실무 중심의 교육 · 훈련과정 개편
2. 국가 자격의 종목 신설 및 재설계
3. 산업현장 직무에 맞게 자격시험 전면 개편
4. NCS 채용을 통한 기업의 능력 중심 인사관리 및 근로자 평생 경력 개발 관리 지원

3. NCS 필요성

능력 있는 인재를 개발해 핵심 인프라를 구축하고, 나아가 국가 경쟁력을 향상시키기 위해 국가직무능력표준이 필요하다.

- 기업은 직무분석 자료, 인적 자원 관리 도구, 인적 자원 개발 프로그램, 특화자격 신설, 일자리 정보 제공 등을 원한다.
- 기업교육훈련기관은 산업현장의 요구에 맞는 맞춤형 교육 · 훈련 과정을 개설하여 운영하기를 원한다.

현행

- 직업교육 · 훈련 및 자격제도가 산업현장과 불일치
- 인적 자원의 비효율적 관리 운용

국가직무능력표준 →

개선 후

- 각각 따로 운영되었던 교육 · 훈련, 국가직무능력표준 중심 시스템으로 전환(일 · 교육 · 훈련 · 자격 연계)
- 산업현장 직무 중심의 인적 자원 개발
- 능력 중심 사회 구현을 위한 핵심 인프라 구축
- 고용과 평생 직업능력 개발 연계를 통한 국가 경쟁력 향상

4. 추진 경과

2002

일 · 교육 · 훈련 · 자격을 연계하기 위해 국가직무능력표준 제도 도입

2010

국가직무능력표준의 효율화 추진에 대해 국가정책조정회의 조정

- NCS 명칭 통일 및 개발 주체 일원화(고용노동부, 한국산업인력공단)
- NCS 연구 및 교육과정 지원(교육부, 한국직업능력개발원)

2013

'능력 중심 사회를 위한 여건 조성' 핵심 국정과제 확정

5. NCS 활용범위

국가직무능력표준은 기업체, 직업교육훈련기관, 자격시험기관에서 활용한다.

기업체(Corporation)	교육훈련기관(Education and Training)	자격시험기관(Qualification)
• 현장 수요 기반의 인력채용 및 인사관리 기준 • 근로자 경력 개발 • 직무기술서	• 직업교육훈련과정 개발 • 교수계획 및 매체, 교재 개발 • 훈련기준 개발	• 자격 종목의 신설통합폐지 • 출제기준 개발 및 개정 • 시험 문항 및 평가방법

인용 출처: NCS 홈페이지(https://www.ncs.go.kr)

NCS 항공 객실 서비스 직무

1. 직무 정의

항공 객실 서비스란 객실 안전관리, 승객 탑승 전 준비, 승객 탑승 서비스, 이륙 전 서비스, 비행 중 서비스, 착륙 전 서비스, 착륙 후 서비스, 승객 하기 후 관리, 응급환자 대처, 객실 승무 관리를 하는 일이다.

2. 능력 단위

순번	능력 단위	순번	능력 단위
1	기내 안전관리	8	응급환자 대처
2	승객 탑승 전 준비	9	객실 승무 관리
3	승객 탑승 및 이륙 전 서비스	10	기내 음료 서비스
4	비행 중 서비스	11	항공 서비스 업무 기본
5	착륙 전 서비스	12	항공 기내 방송 업무
6	착륙 후 서비스	13	고객만족 서비스
7	승객 하기 후 관리	14	항공 서비스 매너

3. 능력 단위별 능력 단위 요소

분류 번호	능력 단위	수준	능력 단위 요소
1203010501_15v2	기내 안전관리	3	승객 탑승 전 안전 · 보안 점검하기
			항공기 이 · 착륙 전 안전 · 보안 관리하기
			비행 중 안전 · 보안 관리하기
			착륙 후 안전 · 보안 점검 · 관리하기
			비상사태 발생 시 대응하기
			상황별 안전안내 방송하기
1203010502_13v1	승객 탑승 전 준비	3	기내 서비스 용품 점검하기
			서비스 설비 및 기물 점검하기
			특별 서비스 요청사항 점검하기
1203010503_16v2	승객 탑승 및 이륙 전 서비스	3	탑승 위치 대기하기
			탑승권 재확인하기
			좌석 안내하기
			수하물 정리 지원하기
			특수 고객 지원하기
			탑승 환영 안내 방송하기
1203010504_13v1	비행 중 서비스	3	기내 음료 제공하기
			기내식 제공하기
			기내 오락물 제공하기
			면세품 판매하기
			객실 상태 점검하기
1203010505_16v2	착륙 전 서비스	3	입국 서류 배포 및 작성 지원하기
			기내 용품 회수하기
			기내 서비스 용품 및 면세품 재고 확인하기
			목적지 도착 안내 방송하기
1203010506_16v2	착륙 후 서비스	3	도착 안내 방송하기
			승객 하기 지원하기
			특수 고객 지원하기
1203010507_13v1	승객 하기 후 관리	3	유실물 점검하기
			잔류 승객 점검하기
			기내 설비 점검하기
			기내 용품 인수 · 인계하기

분류 번호	능력 단위	수준	능력 단위 요소
1203010508_13v1	응급환자 대처	3	응급환자 발생상황 파악 · 보고하기
			응급환자 초기 대응하기
			응급환자 후속관리하기
			환자 대처상황 기록하기
1203010509_16v2	객실 승무 관리	4	객실 승무원별 근무 배정하기
			운항 · 객실 간 정보 공유하기
			불만 승객 관리하기
			출 · 도착 서류 작성 · 관리하기
			객실 서비스 관리하기
1203010510_16v1	기내 음료 서비스	2	기내 음료 파악하기
			기내 음료 제공하기
1203010511_16v1	항공 서비스 업무 기본	2	항공 서비스 관련 서류 확인하기
			항공 여객 정보 확인하기
1203010512_16v1	항공 기내 방송 업무	3	항공 기내 방송 준비하기
			정상적 상황 방송하기
			비정상 상황 방송하기
			비상 상황 방송하기
1203010513_16v1	고객 만족 서비스	3	서비스 마인드 함양하기
			이미지 메이킹하기
			불만 고객 대처하기
1203010514_16v1	항공 서비스 매너	2	기본 매너 갖추기
			항공 서비스 매너 관리하기

4. 능력 단위: 객실 승무 관리

분류 번호: 1203010509_16v2
능력 단위 명칭: 객실 승무 관리
능력 단위 정의: 객실 승무 관리란 객실 승무원별 근무 배정, 운항 · 객실 간 정보 공유, 불만 승객 대처, 출 · 도착 서류 작성 · 관리, 객실 서비스 관리를 수행하는 능력이다.

능력 단위 요소	수행 준거
1203010509_16v2.1 객실 승무원별 근무 배정하기	**1.1** 객실 서비스 및 객실 안전 규정에 따라 객실 승무원에게 업무를 할당할 수 있다. **1.2** 효율적 서비스를 위해, 노선 특성에 따라 객실 승무원별 업무 배정을 조정할 수 있다. **1.3** 효율적 서비스를 위해, 객실 승무원의 역량을 고려하여 업무 배정을 조정할 수 있다.
	【지식】 • 근무 편성 매뉴얼 이해 • 노선 특성 이해 • 고객 특성 이해 • 노선별 서비스 절차 이해 • 승무원이 기내에서 수행해야 할 업무에 대한 지식 • 업무 배정 지식
	【기술】 • 승무원 역량 파악 기술
	【태도】 • 공정한 업무 태도
1203010509_16v2.2 운항 · 객실 간 정보 공유하기	**2.1** 객실 서비스 및 객실 안전 규정에 따라 객실 상황을 판단하여, 상급자에게 신속하게 보고할 수 있다. **2.2** 객실 서비스 및 객실 안전 규정에 따라 운항 정보를 공유할 수 있다. **2.3** 객실 서비스 및 객실 안전 규정에 따라 승객 정보를 공유할 수 있다.
	【지식】 • 객실 서비스 규정 이해 • 객실 안전 규정 이해
	【기술】 • 상황 판단 기술 • 의사 소통 기술 • 인터폰 사용 기술
	【태도】 • 신속 · 간결 · 명료한 태도

능력 단위 요소	수행 준거
1203010509_16v2.3 불만 승객 관리하기	**3.1** 객실 서비스 및 객실 안전 규정에 따라 불만 상황에 대한 원인을 파악할 수 있다. **3.2** 객실 서비스 및 객실 안전 규정에 따라 경청한 후 불만에 대한 해결 방안을 모색할 수 있다. **3.3** 객실 서비스 및 객실 안전 규정에 따라 해결 방안에 대한 구체적인 행동을 보여줄 수 있다. **3.4** 객실 서비스 및 객실 안전 규정에 따라 해당 승객에 대한 만족도를 재확인할 수 있다.
	【지식】 • 객실 서비스 및 객실 안전 규정 이해 • 불만 대처 상황에 대한 지식
	【기술】 • 소통 능력 • 고객 응대 기술
	【태도】 • 정중한 태도 • 신속한 태도 • 경청하려는 노력
1203010509_16v2.4 출 · 도착 서류 작성 · 관리하기	**4.1** 객실 서비스 및 객실 안전 규정에 따라 항공기 출발에 필요한 각종 서류를 수량, 종류 등을 점검할 수 있다. **4.2** 객실 서비스 및 객실 안전 규정에 따라 도착지 국가별 요구사항에 따라 입국에 필요한 서류를 요청할 수 있다. **4.3** 비행 중, 발생한 기내 안전 및 서비스 설비에 대한 특이사항을 기록할 수 있다. **4.4** 항공기 도착 전, 지상직원에게 인계해 줄 서류의 이상 유무를 점검할 수 있다. **4.5** 항공기 도착 시, 지상직원에게 객실 운항 관련 서류를 인계할 수 있다.
	【지식】 • 객실 서비스 규정에 대한 이해 • 노선별 특성에 대한 이해 • 노선별 서비스 절차에 대한 이해 • 노선별 출입국 서류와 항공기 출도착 서류 이해
	【기술】 • 객실 서비스 규정집 활용 기술 • 서류 작성 시 요약 기술
	【태도】 • 정리하는 태도 • 정확한 태도 • 주의 깊은 태도

능력 단위 요소	수행 준거
1203010509_16v2.5 객실 서비스 관리하기	**5.1** 승무원 근무 규정에 따라 스페셜 식사는 객실 사무장이 직접 제공하면서 오전달이나 누락이 발생하지 않도록 재확인할 수 있다. **5.2** 객실 서비스 규정에 따라 비행 중 기내 질서 유지 및 쾌적한 휴식환경 조성을 위해 단체승객에 의한 소란, 소음 등을 항시 점검할 수 있다. **5.3** 객실 서비스 규정에 의해 화장실 청결 상태를 확인하며 비행 중에 발생할 수 있는 안전과 환자 발생에 대한 안전사항을 점검할 수 있다. **5.4** 승무원 근무 규정에 따라 기내 소음에 대한 관리를 할 수 있다. **5.5** 조리실(Galley) 내에서 작업 시, 통로(Aisle)를 걸어 다닐 때, 승무원들 간의 대화, 컴파트먼트(Compartment), 카트(Cart), 캐리어 박스(Carrier Box) 등의 문을 열고 닫을 때, 객실 수하물 선반(Overhead Bin)의 손잡이를 열고 닫을 때 등 승무원을 관리 · 감독할 수 있다.
	【지식】 • 승무원 근무절차 이해 • 항공사 조직의 이해와 운영범위 이해 • 고객 만족과 서비스 이해
	【기술】 • 상황별 고객 응대 기술 • 승객의 요구 파악 기술 • 기내 클레임 예방 및 대처 기술 • 객실 서비스에 대한 전문적인 수행 능력
	【태도】 • 긍정적인 마인드 유지 • 직원 간의 원활한 소통 태도 겸비 노력 • 관련 규정사항 준수 • 리더로서의 관리 태도

Anadolu / Getty Images

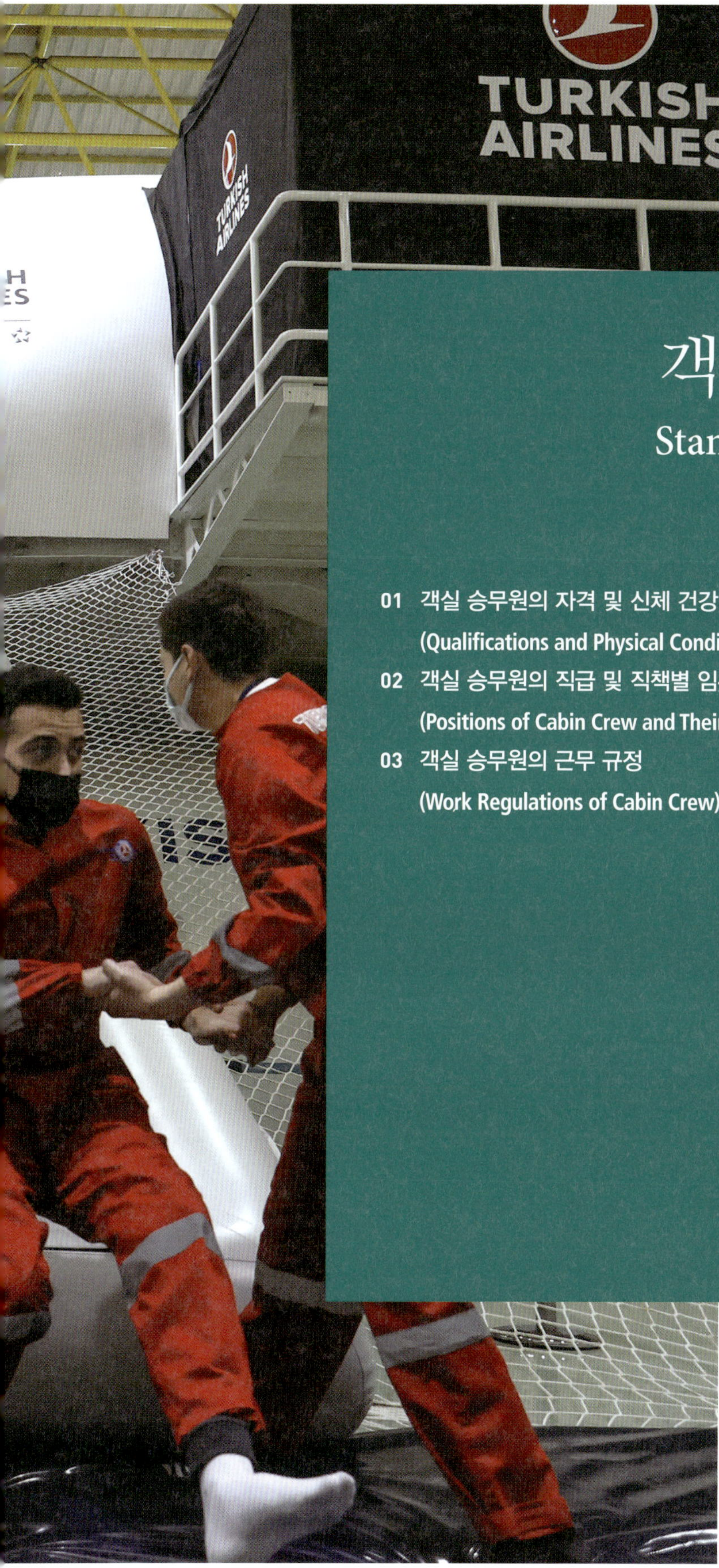

객실 승무 기준
Standard for Cabin Crew

01 객실 승무원의 자격 및 신체 건강 조건
(Qualifications and Physical Conditions of Cabin Crew)

02 객실 승무원의 직급 및 직책별 임무
(Positions of Cabin Crew and Their Responsibilities)

03 객실 승무원의 근무 규정
(Work Regulations of Cabin Crew)

1

01

객실 승무원의 자격 및 신체 건강 조건

Qualifications and Physical Conditions of Cabin Crew

1. 객실 승무원의 자격

객실 승무원이란 항공기에 탑승하여 항공기 안전 운항과 승객의 안전을 위해 객실 내 업무를 수행하며 비상탈출 시 안전하고 신속하게 비상탈출 업무를 수행하는 자를 말한다(항공안전법 제2조 제17항). 따라서 객실 승무원은 신입 전문 훈련 및 직급(또는 근무 연한)에 따라 소정의 교육과정을 이수하고 합격한 자여야 하며, 항공기 비상시 필요 조치를 취할 수 있는 지식과 능력을 갖추어야 하며, 이를 습득하고 유지하기 위해 안전 훈련을 이수하고 최종 합격한 자여야 한다.

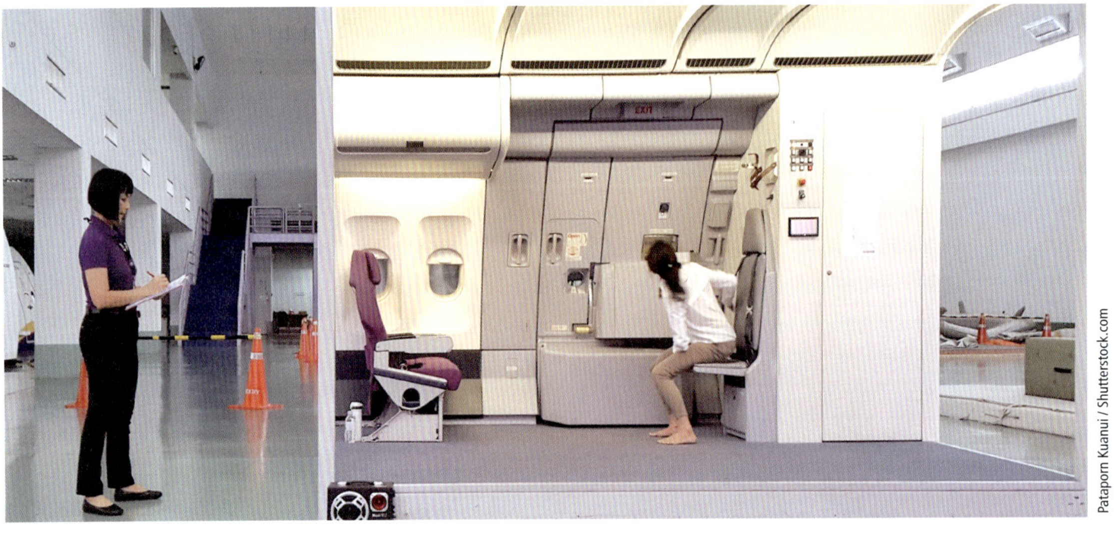

Pataporn Kuanui / Shutterstock.com

객실 승무원 비상탈출 훈련

First Class Photography / Shutterstock.com

Anadolu / Getty Images

비상착륙 훈련원

Phoenixproduction / Shutterstock.com

Sefa Karacan / Anadolu Agency / Getty Images

비상착수 훈련원

객실 승무원이 이수해야 하는 훈련의 종류는 다음과 같다.

- 신입 안전 훈련
- 정기 안전 훈련
- 사무장 훈련
- 훈련 교관 훈련
- 심사관, 감독관 훈련
- 상위 클래스 전문 훈련

화재 진압 훈련

2. 객실 승무원의 신체 건강 조건

객실 승무원은 항공기 탑승 근무에 적합한 신체 및 건강 기준에 의해 선발된다. 따라서 객실 승무원은 항공기 탑승 근무에 적합한 신체 조건을 유지해야 하며, 그 조건이 미비되거나 미달될 경우에는 승무원 자격을 일시 정지 또는 상실할 수 있다. 타인에게 혐오감을 주는 외적 손상이나 병리적 훼상이 있을 경우 회복 시까지 그 자격이 일시 정지된다. 또한 객실 승무원은 근무에 적합한 건강 상태를 유지할 수 있도록 적정 체중으로 관리하는 것이 좋다. 회복 후 회사로 복귀할 때는 항공보건팀의 점검을 받아야 한다.

02

객실 승무원의 직급 및 직책별 임무

Positions of Cabin Crew and Their Responsibilities

1. 객실 승무원의 직급

직급이란 직무의 종류, 난이도, 권한과 역할, 책임의 정도가 비슷한 직위를 한데 묶어 분류(Job Classification)한 것이다. 다시 말해 인사 관리 및 인력 운영을 위해 조직의 구성원들을 적절한 등급으로 나누고 계층별로 묶어 위계적 체계로 배열한 것이다.

객실 승무원의 직급 명칭은 일반직의 명칭과 다소 상이하며, 항공사마다도 다르다. 직급별로 승급기간이 있으며, 승급기간이 경과하게 되면 상위 직급으로 진급할 수 있는 자격이 부여된다. 항공사마다 상이하지만, 개인의 업무 평가 및 회사 내 규정에 따른 자격증 유무, 상위 자격 취득 등 다양한 업무 평가를 토대로 승급 여부를 결정할 수 있다. 우리나라를 대표하는 두 항공사의 직급 체계는 다음과 같다.

KE 직급 체계

일반직 직급	객실 승무원 직급	직책	승급기간	비고
부장	객실 승무 1급	CP(Chief Purser); 수석 사무장		
차장	객실 승무 2급	SP(Senior Purser); 선임 사무장	4년	
과장	객실 승무 3급	PS(Purser); 사무장	4년	팀장, 부팀장 가능
대리	객실 승무 4급	AP(Assistant Purser); 부사무장	3년	
사원	객실 승무 5급	SS(Stewardess); 여 승무원	3년	학사 이상 졸업자
		SD(Steward); 남 승무원		
	객실 승무 6급	SS(Stewardess); 여 승무원	2년	전문 학사 졸업자
		SD(Steward); 남 승무원		

OZ 직급 체계

직급	자격 조건	승급 기간
캐빈 매니저	사무장 이상	임명제
부매니저	부사무장 이상	B/S 이상 자격 근무 3년 이상 남 승무원의 경우 B/C 직무 자격 취득일로부터 5년 이상
F/S 승무원	부사무장 이상	F/C 근무 1년 이상 자동 부여
F/C 승무원	선임 승무원 이상	B/S 근무 1년 이상
B/S 승무원	선임 승무원 이상	B/C 근무 2년 이상
B/C 승무원	승무원 이상	E/Y 근무 2년 이상

2. 객실 승무원의 직책별 임무

직책이란 말은 일에 대한 책임, 권한 등을 의미하며, 일반직에서는 팀장, 본부장, 파트장 등이 이에 해당한다. 항공사에서는 승무 인력을 팀제로 운영할 때나 개별적으로 보유한 승무 자격 코드에 따라 스케줄 근무를 하는 경우가 있다. 한 비행기 내에 여러 명의 승무원이 근무하게 되므로 이 조직 안에서 직책을 체계

Felix Hörhager / picture alliance / Getty Images

화할 필요가 있다. 우리나라 K 항공사의 경우 팀장(TP), 부팀장(TA) 직책이 있으며, 이 직책은 팀의 관리자 역할을 담당하게 된다.

일반적으로 객실 승무 3급 이상부터 관리자로 임명될 수 있으며, 관리자로 임명된 승무원은 팀의 리더로서 회사 전반에 관련한 정책과 지시 · 공지 사항을 팀원들에게 전파하고 팀원 관리에 대한 책임을 진다. 팀에서 팀장(TP)과 부팀장(TA) 직책을 부여받은 팀 관리자 또는 본부 내 발령과 공지를 통해 예비 팀장(Ready Team Purser, RTP)으로 임명된 자는 비행 근무 시, 동승 승무원의 안전하고 쾌적한 비행 근무에 대한 총책임을 맡는다.

KE 국제선 승무원 직책

직책 코드	의미
TP	Team Purser(팀장)
TA	Team Assistant Purser(부팀장)
1D, 2D, ...	남 승무원(Steward) 배속 시 1D, 2D 순서로 코드(Code)를 표시한다.
1S, 2S, ...	여 승무원(Stewardess) 배속 시 1~9S 순서로 코드를 표시하며, 9S 이후부터는 AS, BS 등의 순서로 표시한다.

KE 노선별 객실 승무원 직책

국제선 비행	국내선 비행
객실 사무장, 객실 부사무장, 일반 승무원, 현지 승무원	객실 사무장, 일반 승무원

1) 객실 사무장의 임무

객실 사무장은 항공사별로 객실 승무원의 근무 연한을 채우고 사무장 훈련을 이수하여 회사의 임명을 받은 사람으로, 동승 편조된 객실 승무원의 업무를 배정하고 브리핑을 주관하며 객실 안전 절차와 서비스를 총괄한다. 이를 수행하기 위해 객실 사무장은 비행 전 학습, 객실 브리핑 및 합동 브리핑, 여객 운송 부분, 그 외에 기내에서 얻은 정보(Information)를 바탕으로 고객 지향적인 관점에서 서비스 방침을 정하고, 구성원들의 서비스 역량을 관리함으로써 객실 서비스가 지향하는 목표 상태에 이를 수 있는 판단 능력을 갖추어야 한다.

객실 사무장의 임무를 9가지로 구분하여 살펴본다.

JPstock / Shutterstock.com

업무 배정(Duty Assignment)

객실 사무장은 해당 비행의 승객 예약 수, 총 비행시간, 승무원의 경력 및 보유 자격, 업무 숙련도 등을 고려하여 동승 승무원에게 업무를 공평하게 배정하고, 최고의 업무 효율로 최상의 비행이 되기 위해 노력한다.

객실 브리핑 주관

객실 사무장은 객실 브리핑을 통해 비행에 필요한 정보를 전달하고, 해당 편 비행의 서비스 방향을 제시한다. 분위기를 부드럽게 만드는 간단한 말로 시작하며, 많은 비행 관련 정보와 자료를 수집하여 효과적으로 재편성하고, 필요한 정보만을 간결하고 명확하게 전달한다. 브리핑 시 정확한 용어를 사용하며, 쉽게 표현한다. 팀원들에게 객실 사무장에 대한 신뢰감을 부여할 수 있도록 객실 브리핑을 주관 및 진행한다. 상황에 따라 질의 응답과 답변에 대한 피드백을 제공하여 동승 승무원의 비행 집중도와 비행 준비도를 확인할 수 있다.

객실 설비와 장비 점검 및 확인

비행 중 사용되는 기내의 모든 설비와 장비는 항공기 출발 전 지상에서 항공 정비사가 점검하고, 객실 승무원이 항공기에 탑승한 후 정상 작동 여부를 한 번 더 확인한다. 그리고 최종 점검은 객실 사무장이 한다. 객실 사무장은 비행 중에 발생할 수 있는 비정상 상황에 대처할 수 있는 능력을 배양해야 하며 기내 설비에 문제가 발생했을 때는 반드시 CDL에 기재하고 도착 후 항공 정비사에게 알

> **CDL**
>
> Cabin Discrepancy List의 약자로, 객실 장비, 설비에 이상이 발생하는 경우 해당 내용을 보고하고 교체 또는 수리하기 위해 기록하는 서류이다.

린다. 비행 중 문제가 발생한 곳의 위치와 그 내용은 객실 사무장이 간략히 기입하고, 목적지에 도착한 후에는 항공 정비사가 CDL을 확인하고 점검한다.

상위 클래스 승객 인사

객실 사무장의 상위 클래스(일등석, 비즈니스석) 승객에 대한 개별 인사는 매우 중요한 업무 중 하나이다. 승객 탑승 후 또는 이륙 후 서비스 직전에 실시하는 Welcome 인사와 착륙 전에 실시하는 Farewell 인사는 비행의 시작과 마무리이므로 감사한 마음을 담아 더욱 성심성의껏 하도록 한다.

Welcome 인사를 할 때는 먼저 객실 사무장이 자기 소개를 하되, 승객 모두에게 동시에 일률적으로 하기보다는 승객의 상황에 맞추어 자연스럽게 한다. SHR을 통해 승객 정보를 미리 파악하고, 승객 성명과 직위에 맞게 호칭하며, 승객의 여행 목적에 맞는 정보를 소재로 간단한 대화를 주고받는다. 대화 도중에 알아낸 승객의 요구사항은 담당 승무원에게 알리고 적절한 지시를 한다. Farewell 인사는 인사와 함께 또다시 이용해 줄 것을 바라는 마음을 표현하며 작별 인사로 건넨다. '수고하셨습니다' '고생하셨습니다' 등의 상투적 표현은 하지 않는다.

SHR

Special Handling Request의 약자로 승객의 인적 사항, 요청사항, 특이사항, 좌석번호, 마일리지 등이 기재된 특별 서비스 요청서이다.

객실 서비스 주관

기내에서는 기내식과 음료, 면세품 판매, 영화 상영 등 다양한 서비스가 제공된다. 객실 사무장은 정해진 비행시간 내에 표준화된 기내 서비스를 원활하게 하기 위해 상위 클래스를 비롯해 전 객실의 서비스를 주관한다. 기내 서비스의 템포를 조절하고, 승객의 서비스 만족도를 확인하는 등 전반적인 기내 서비스의 흐름이 원활하도록 한다.

항공기 입출국서류 관리

항공 여행을 하려면 자국은 물론 목적지 취항국의 항공기 출입국 허가를 받아야 한다. 이때 필요한 서류가 기내에 탑재되는데, 객실 사무장은 관련 제반 서류를 작성 및 관리하고 목적지에 도착한 후에는 항공사의 지상 직원에게 인계하거나 해당 공무원에게 직접 전달해야 한다. 또한 승객이 해당 국가에 출입국하기 위해 작성하

Ship Pouch

승무원 명단, 승객 명단, 화물 목록, 승객 입국서류 등 항공기 출입항 관련 서류를 담은 가방을 말한다.

picture alliance / Getty Images

Esra Hacioglu / Anadolu Agency / Getty Images

는 서류를 관리한다.

운항 승무원과 소통

비행 중 객실 사무장과 운항 승무원의 원활한 의사소통은 안전한 비행에 결정적으로 중요한 업무이다. 객실 사무장은 운항 승무원에게서 다음 사항을 보고 받는다.

- 비상 장비 및 보안 장비 점검 결과 보고
- 승객 탑승 준비 완료 보고
- 승객 탑승 완료 보고
- Push Back 준비 완료 보고
- 객실 이륙 준비 완료 보고
- 비행 중 발생하는 비정상 상황 해결 및 보고

객실 승무원 지도 및 개선사항 보고

현장의 소리에 귀 기울여 문제점을 파악하고, 비행 중 발생한 현장 문제점이나 서비스 개선사항을 회사에 보고한다. 또 비행 중 팀원의 현장 교육을 실시하여 서비스 경쟁력을 키운다.

해외 체류 시 승무원 관리 및 해외 지사와의 업무 연계 체제 유지

국제선 승무 시 객실 승무원은 해외 호텔에 머물게 되는데, 이때 해당 비행편

팀원에 대한 모든 책임은 객실 사무장에게 있다. 투숙 호텔에 도착하면 체류 시 객실 승무원이 준수해야 할 사항을 간단히 브리핑하고 해외 지사와의 정보 교류, 업무 연계 체제를 유지해야 한다.

2) 객실 부사무장의 임무

객실 사무장의 업무를 보좌하며, 객실 사무장이 임무를 수행하지 못하는 경우에는 객실 사무장의 업무를 대행한다. E/Y CL(Economy Class) 서비스를 총괄하며 기내 서비스 용품 탑재를 확인하고 수습 승무원의 훈련을 지도하고 평가한다. 그 외에 객실 사무장으로부터 위임받은 업무를 수행한다.

3) 일반 승무원의 임무

자신에게 할당된 업무와 항공사 매뉴얼에 열거된 업무를 공통으로 수행한다.

4) 현지 승무원의 임무

승무 중에는 할당된 업무를 수행하고, 해당 언어권 승객의 의사소통을 담당한다. 비행 중에 실시되는 안내 방송을 자국어로 실시한다.

03
객실 승무원의 근무 규정
Work Regulations of Cabin Crew

1. 객실 승무원의 일반 준수사항

- 거주지의 주소와 전화번호, 이메일 주소를 회사에 등록해야 하며, 변경 시에는 관련 개인정보를 수정해야 한다. 비정상 상황 발생 시 긴급 연락을 취할 수 있어야 하기 때문이다.
- 출입국 시 관세법에 저촉되는 물건을 소지해서는 안 된다. 비행 목적지 국가의 면세 허용량을 사전에 숙지하고 이를 준수해야 한다.

우리나라 입국 시 객실 승무원의 기본 면세 범위

USD 150 이하에 상응하는 물품 및 1리터 이하의 주류 1병(미화 400달러 이하인 주류에 한정)으로 하되, 품목당 1개 또는 1세트로 한정한다. 다만 주류의 면세는 3개월 내 1회로 제한한다. 담배는 한 보루 200개피 이내이다(기본 면세 범위인 USD 150과 관계없이 별도 면세 가능). 승무원 관세 통관 허용 기준인 USD 600 초과 시 세금 납부와 관계없이 통관이 불가하다.

- 부과된 직무를 효율적으로 수행하기 위해 항상 비행 근무에 적합한 신체 상태를 유지해야 한다.
- 비행 출발 24시간 이내에 스쿠버 다이빙을 해서는 안 된다. 스쿠버 다이빙 시 관절과 피부 등에 통증, 시각장애, 저림, 의식불명, 피로 등 압력 차로 인한 감압증 증상이 뒤늦게 나타나는 경향이 있으므로, 충분히 회복한 후에 비행에 임하도록 한다.
- 비행 전 수혈 행위를 금하며, 부득이한 사정으로 수혈한 경우 72시간 이내에

비행해서는 안 된다. 빈혈과 호흡곤란, 저산소증을 유발할 가능성이 있기 때문이다.
- 비행 근무 출발 12시간 이내에 알코올 성분이 함유된 음료를 마셔서는 안 되며 상기 조건에 있는 승무원에게 알코올 성분의 음료를 제공해서도 안 된다.
- 향정신성 물질을 복용하지 않는다. 알코올 및 향정신성 약물을 복용한 후 그 약효가 남은 상태에서는 비행이 불가하다. 약효가 남아 있는 상태라고 판단 시 회사에 보고하고, 필요 시 비행 근무 제외 등의 적극적인 조치를 취해야 한다.
- 승객에 대한 제반 기록을 비밀로 해야 하며, 이에 관한 어떠한 정보도 외부에 공개해서는 안 된다.
- 허가되지 않은 회사의 물품이나 용구를 개인적인 목적을 위해 임의로 사용할 수 없다.

2. 객실 승무원의 해외 체재 규정

1) 회사 재산 반출 금지

객실 승무원은 회사의 공식적인 서면 승인 없이 회사의 재산(기내에 탑재된 서비스 용품 전부)을 반출하여 사용해서는 안 된다.

2) 숙소 이탈 금지 및 숙소 귀환시간 준수

- 해외 체재 시 지정된 숙소 이외의 장소에서 허가 없이 숙박해서는 안 되며 체재지(Station)가 속한 행정구역 명칭상의 경계선(Boundary)을 넘어 이동할 수 없다.
- 장시간 외출 시에는 객실 사무장에게 행선지, 연락처, 귀환시간을 보고하고 허가받는다.
- 귀국편 비행을 위해 호텔 Pick-up 12시간 전부터는 휴식 상태를 유지해야 한다.

3) 호텔 규칙 준수

- 호텔에서 정한 일반적인 규칙을 준수해야 한다.

- 호텔 Room에서 취사 행위를 해서는 안 된다.
- 호텔 재산에 피해를 입혀서는 안 된다.
- Room을 비위생적이거나 정돈하지 않은 상태로 방치해서는 안 된다.
- 호텔 내 다른 투숙객에게 불편을 끼치거나 취침을 방해하는 행동을 해서는 안 된다.
- 호텔 체재 중에는 휴식을 충분히 취해야 한다.

4) 도박 행위 금지

객실 승무원은 해외 체재 시 어떠한 형태의 도박도 해서는 안 된다.

5) 풍기문란 행위 금지

해외에서 내국인과 외국인을 막론하고 이성과의 풍기문란 행위를 하여 회사와 승무원의 이미지를 훼손해서는 안 된다. 여기에는 실제적인 문란행위가 아니라 타인에게 그렇게 인식되는 행동도 포함된다.

3. 객실 승무원의 근무 범위

1) 근무의 정의

객실 승무원이 회사 업무에 종사하는 것을 말하며, 구체적으로 브리핑, 승무, 편승, 지상 근무, 공항 대기, 교육 훈련 등을 말한다.

☞ 근로기준법 등 노동관계법의 '근로', '근무'와는 의미가 다르다.

2) 비행 근무

객실 승무원이 비행 업무를 수행하기 위해 회사에 도착한 시간부터 해당 임무가 종료된 시간까지를 비행 근무로 산정한다. 즉 객실 브리핑을 시작한 시각부터 항공기가 해당 비행 목적지 공항에 도착해 완전히 정지한 시각까지가 비행시간이다. 이때 공항 대기시간과 휴게시간은 포함되지만 호텔에서의 휴식시간은 제외된다.

3) 승무원 휴식시간 기준

객실 승무원의 비행 근무시간 및 휴식시간 기준

객실 승무원 인원수	비행 근무시간	휴식시간
최소 객실 승무원 수	14시간 미만	8시간
최소 객실 승무원 수에 1명 추가	14~16시간	12시간
최소 객실 승무원 수에 2명 추가	16~18시간	12시간
최소 객실 승무원 수에 3명 추가	18~20시간	12시간

출처: 항공안전법 시행규칙 제128조 제2항 관련

- 연속되는 7일마다 24시간 이상 연속으로 휴식을 취해야 한다.
- 객실 승무원은 계획된 비행 근무시간 직전에 최소한 8시간 휴식을 취해야 한다.
- 항공 운송 사업자는 승무원의 휴식시간을 단축할 수 있으나, 이 경우 다음 휴식시간을 연장해야 한다.
- 해당 비행을 규정된 제한시간 내에 정상적으로 종료하는 것으로 계획했으나 악천후, 고장, 항공 교통 관제, 천재지변, 비상사태, 긴급사태 등으로 계획된 시간 내에 목적지 공항 도착이 불가능한 경우에는 예정된 비행 근무시간을 초과하더라도 비행 근무시간의 제한 기준을 준수한 것으로 간주한다.

4) 비행시간

객실 승무원이 비행 임무를 수행하기 위해 항공기가 Push Back하기 시작한 시각부터 비행이 종료되어 항공기 엔진을 끈 시각까지를 뜻한다. 승무원의 피로 관리를 위해 최대 비행시간은 1개월에 120시간, 3개월에 350시간, 1년에 1200시간을 초과하면 안 된다.

Push Back, Block Time

Push Back은 출발 준비를 끝낸 항공기가 견인차에 의해 움직이기 시작하는 것을 의미한다. Block Time은 항공기가 Gate에서 Push Back하여 목적지에 도착한 후 엔진이 정지되는 시점까지의 시간이다.

객실 승무원의 개인별 비행시간은 최대 1개월에 120시간, 3개월에 350시간, 1년에 1200시간을 초과할 수 없다. 그러나 긴급 착륙, 재해 등의 부득이한 사유로 승무원 교대가 불가한 경우에는 승무 제한시간을 초과하더라도 예정된 다음 승무를 완료한 후 회사에 보고하여 다음 스케줄 변경 조치를 받는다.

객실 승무원의 승무시간 기준 등(시행규칙 제128조)

- 항공 운송 사업자는 법 제56조 제1항 제1호에 따라 객실 승무원이 비행 피로로 인하여 항공기 안전 운항에 지장을 초래하지 아니하도록 월간, 3개월간 및 연간 단위의 승무시간 기준을 운항 규정에 정해야 한다. 이 경우 연간 승무시간은 1200시간을 초과해서는 아니 된다.
- 제1항에 따른 승무를 위해 해당 형식의 항공기에 탑승하여 임무를 수행하는 객실 승무원의 수에 따른 연속되는 24시간 동안의 비행 근무시간 기준과 비행 근무 후 지상에서의 최소 휴식시간 기준은 앞의 표 〈객실 승무원의 비행 근무시간 및 휴식시간 기준〉과 같다. 다만, 천재지변, 기상악화, 항공기 고장 등 항공기 소유자 등이 사전에 예측할 수 없는 상황이 발생한 경우 비행 근무시간 등의 기준은 국토교통부 장관이 정하여 고시할 수 있다.

IPGGutenbergUKLtd / iStock / Getty Images Plus

5) 편승

Extra 또는 Deadheading이라고 하며, 객실 승무원이 다음 근무를 위해 또는 승무를 마치고 할당된 업무 없이 공항과 공항 간을 이동하는 자사나 타사 항공편을 말하며 Ferry Flight를 포함한다. 승무원 자격이지만, 비행 시 승객 복장으로 승객 좌석에 앉는다. 출국 시에는 해당 편 승무원에 이어 승무원 전용 출입구에서 출국 수속을 받으며 항공기 탑승은 승객 탑승 전에 완료해야 하고, 하기 시엔 해당 편 승무원보다 우선하여 하기해야 한다.

> **Ferry Flight**
>
> 항공기 정비, 편도 전세기 등의 사유로 승객 없이 운항하는 비행편이다.

편승시간은 편승한 Flight의 비행시간으로 산정되고 월간, 연간, 승무 제한시간에 가산하지 않으며, 연속해서 16시간을 초과해서도 안 된다.

6) 대기

대기(Stand-by)는 특정 비행 편수에 승무원의 갑작스러운 병가나 부득이한 사유, 천재지변 등으로 결원이 발생했을 때 이를 충원하기 위해 지정된 장소에서 대기하는 것을 의미한다. 공항 내 지정된 장소에서 대기하는 공항 대기와 거주지에서 대기하는 자택 대기로 구분한다.

공항 대기 승무원은 바로 비행에 투입될 수 있도록 승무원 복장을 완벽하게 갖추고 어떠한 비행에도(장거리일지라도) 임할 수 있도록 준비되어 있어야 한다. 또한 회사의 허락 없이 지정된 대기 장소를 이탈해서는 안 된다.

K 항공사의 공항 대기 근무 예시

구분	대기 조	대기 근무시간
국내선 공항 대기	SA	06:00~11:00
	SB	11:00~16:00
	SC	16:00~국내선 최종편까지
국제선 공항 대기	IA	07:00~10:00
	IB	10:00~15:00
	IC	15:00~20:00

7) 교육 및 훈련

객실 승무원의 자격으로 근무하기 위해서는 해당 직급에 부합한 교육 및 훈련 과정을 이수하고 심사에 합격해야 한다. 회사에 입사해 받는 신입 훈련을 비롯하여 보수교육, 리더십 교육, 안전교육, 직급교육, 클래스별로 매우 다양한 교육 및 훈련을 받는다. 이때 교육 및 훈련은 비행 근무가 아니지만, 일종의 준근무 형태로 인정된다.

잠깐! 점검해 볼까요?

01
객실 승무원의 자격 및 신체 건강 조건

1. 객실 승무원의 자격에 대해 정리해 보시오.

02
객실 승무원의 직급 및 직책별 임무

1. 객실 승무원의 직급 및 직책을 설명하시오.

2. 객실 승무원의 직책별 임무를 정리해 보시오.

03
객실 승무원의 근무 규정

1. 객실 승무원의 근무 규정을 정리해 보시오.

2. 비행시간의 정의를 기술하시오.

Arnold O. A. Pinto / Shutterstock.com

객실 승무원 근무 배정하기

Work Allocation of Cabin Crew

2

01

객실 승무원 업무 배정의 이해

Understanding of Work Allocation of Cabin Crew

수행 준거

- 객실 서비스 및 객실 안전 규정에 따라 객실 승무원에게 업무를 할당할 수 있다.
- 효율적 서비스를 위해, 노선 특성에 따라 객실 승무원별 업무 배정을 조정할 수 있다.
- 효율적 서비스를 위해, 객실 승무원의 역량을 고려하여 업무 배정을 조정할 수 있다.

1. 객실 승무원의 근무 할당표

객실 승무원은 회사에서 배정하는 근무 할당표에 따라 비행을 하게 된다. 회사마다 상이하지만 대개는 월별로 스케줄을 배정하는데, 근무 할당표에는 승무, 편승, 교육, 대기, 휴가, 지상 근무 등이 포함된다. 운항 스케줄이나 회사의 사정, 승객 예약 상황에 따라 근무 일정이 변경될 수도 있기 때문에 객실 승무원은 스케줄을 수시로 확인해야 한다. 만약 할당된 근무를 사전 회사의 승인 없이 이행하지 못할 경우 징계 대상이 되며, 승무원 간에 임의로 스케줄을 바꿀 수 없다.

근무 할당표에는 이름, 사번, 직급, 직책, 전화번호, 팀 번호, 방송 자격 등의 개인정보 및 항공편 출발시간과 도착시간, 데이오프(Day-off), 휴가, 교육 등의 비행 정보, 기타 비행 외 정보가 담긴다.

K 항공사 객실 승무원의 근무 할당표 예시

SUNDAY	MONDAY	TUESDAY	WEDNESDAY	THURSDAY	FRIDAY	SATURDAY
May 01 KE781 KE782 (인천– 후쿠오카FUK 왕복)	**May 02** TE (정기안전 훈련)	**May 03** PDO (데이오프)	**May 04** KE679 (인천– 하노이)	**May 05** 하노이(HAN)	**May 06** KE680 (하노이– 인천)	**May 07** D (데이오프)
May 08 KE907 (인천–런던)	**May 09** 런던(LHR)	**May 10** KE908 (런던–인천)	**May 11** ——— 인천 도착	**May 12** D (데이오프)	**May 13** D (데이오프)	**May 14** PV (생리 휴가)
May 15 KE627 (인천– 자카르타)	**May 16** KE628(CGK) (자카르타– 인천)	**May 17** ——— 인천 도착	**May 18** D (데이오프)	**May 19** D (데이오프)	**May 20** KE017 (인천–LA)	**May 21** LAX
May 22 KE012 (LA–인천)	**May 23** ——— (인천 도착)	**May 24** D (데이오프)	**May 25** D (데이오프)	**May 26** D (데이오프)	**May 27** KE603 (인천–홍콩)	**May 28** 홍콩(HKG)
May 29 KE604 (홍콩–인천)	**May 30** D (데이오프)	**May 31** D (데이오프)				

☞ 쉽게 이해하기 위해 간단히 표시했다. 실제 스케줄표에는 총 비행시간, 편승시간, 해당 편 출발시간과 도착시간 등이 표시된다.

2. 승무 인원 할당

객실 승무원 탑승 인원은 효율적인 서비스 업무 수행, 클래스별 서비스 수준 유지, 비행 안전을 고려하여 항공사가 정한 기준에 의거하여 결정한다. 일반적으로 승객의 비행 안전 확보를 위한 최소 탑승 승무원 수는 승객 좌석 50석당 1명을 기준으로 한다. 그러나 기종별, 노선별 객실 승무원 탑승 인원과 그 편성 기준은 항공사별로 정하는 바에 의한다.

항공법 시행규칙 제218조

장착 좌석 수	객실 승무원 수
20석 이상 50석 이하	1
51석 이상 100석 이하	2
101석 이상 150석 이하	3
151석 이상 200석 이하	4
201석 이상	5명에, 50석 추가 시마다 1명씩 증원

3. 승무원 교체

객실 승무원에게 할당된 비행 근무시간이 기준을 초과한 경우 모기지에서는 승무원 교체를 원칙으로 한다. 이때 비행 근무시간은 월별, 분기별 또는 1년 동안의 비행 근무 총시간을 기준으로 하고 편승 근무시간은 여기에 포함되지 않는다. 하지만 기상 이변에 의한 비정상 상황 등으로 다수의 편수가 근무시간 기준을 초과할 것으로 예상되는 경우에는 우선순위를 결정하여 교체함을 원칙으로 하며 대기 승무원의 부족으로 인하여 승무원 교체가 이루어지지 못한 경우는 예외로 한다.

4. 휴식 및 휴일

1) 항공법에 의한 휴식시간 부여 기준

항공사는 객실 승무원의 비행 근무시간을 다음과 같이 적용하며, 비행 근무에 따른 최소 휴식시간을 제공받지 못한 승무원에게 비행 근무를 부여해서는 안 된다.

객실 승무원은 계획된 비행 근무시간 직전에 최소 8시간 이상의 휴식을 취한 후 비행에 임할 수 있으며, 항공사는 이들에게 휴식을 취하도록 조치해야 한다(운항기술기준 8.4.9.3). 경우에 따라 승무원의 휴식시간을 단축시킬 수도 있지만, 이러한 경우엔 차기 휴식시간을 연장하여 부여해야 한다. 회사의 요구에 의해 승무원이 비행을 위해 또는 비행을 종료한 후 다른 지역으로 이동 시 지상 운송에 소요된 시간은 휴식시간으로 간주하지 않는다.

휴식시간 산정 기준표

계획된 비행 근무시간	탑승 인원	지상 휴식시간	인가된 감축 휴식시간	휴식시간이 감축된 경우 차기 휴식시간
14시간 미만	최소 탑승 인원	8	8	10
14~16시간	최소 탑승 인원 + 1명	12	10	14
16~18시간	최소 탑승 인원 + 2명	12	10	14
18~20시간	최소 탑승 인원 + 3명	12	10	14

하지만 예측 불가의 운항 상황과 같이 긴급한 비상사태 등으로 항공기 출발 이후에 계획된 시간 내에 목적지에 도달할 수 없거나 회사의 통제가 불가한 상황에서 비행 근무시간을 초과한 경우에는 규정된 비행 근무시간 기준을 준수한 것으로 간주한다. 또한 전쟁, 폭동, 감염병 발생 등의 위험지역 운항 시 현지 사정으로 인하여 지상 휴식시간을 부여받지 못한 경우나 본인과 배우자의 직계 존비속, 형제자매와 외조부모, 백숙부모의 위독이나 사망 혹은 본인 질병이 발생한 경우, 해당 국가에서 입국을 거절당한 경우 등의 특수한 경우와 같이 항공 운송업자가 통제할 수 없고, 승객과 객실 승무원 모두의 안전을 위해 불가피한 경우를 제외하고는 '지상 휴식기간' 기준에 따른다. 다만 위와 같은 예외적인 경우에는 해당 객실 승무원을 편승에 준하는 형태로 근무하도록 변경한다.

2) 휴일 산정 기준

객실 승무원의 휴일은 연속 7일 근무 기준으로 24시간의 휴식을 부여해야 한다. 즉 연속으로 7일을 근무하게 되면 8일째 되는 날은 24시간의 휴식시간, 즉 하루의 휴일을 보장받게 된다. 승무원의 개인적인 사정에 의한 병가, 휴가 등은 항공사가 정한 취업 규정에 따르며, 회사는 업무상 필요할 때는 휴일 또는 휴가 중이라도 Duty를 명할 수 있다.

승무원 피로 관리(Fatigue Management): 운항기술기준 8.4.9

8.4.9.1 적용(Applicability)

이 절은 항공운송사업의 운항 분야에 종사하는 운항 승무원, 객실 승무원 및 운항 관리사의 승무, 비행 근무 및 휴식 기준에 적용된다.

8.4.9.2 비행 근무편성 기준의 준수 (Compliance with Scheduling Requirements)

가. 국토교통부 장관은 다음의 경우 규정된 비행 근무시간 제한을 초과하더라도 규정된 비행 근무시간 제한 기준을 준수한 것으로 간주한다.

1) 해당 비행이 규정된 제한시간 내에 정상적으로 종료될 것으로 계획되었으나,

2) 운항증명 소지자가 통제할 수 없는 상황(악기상, 고장, 항공교통관제, 천재지변, 비상사태, 긴급사태 등)으로 인해 항공기 출발 이후에 1)호에 따른 계획된 시간 내에 목적지 공항에 도착이 불가능하게 된 경우

8.4.9.3 비행 근무 및 지상 휴식시간(Duty and Rest Periods)

가. 운항증명 소지자는 운항 승무원, 객실 승무원 및 운항 관리사의 피로 관리를 위해 다음 각 호의 사항을 준수해야 한다.

1) 운항 승무원 및 객실 승무원의 비행 근무는 별표 8.4.9.3에서 정한 기준을 초과하여 편성하여서는 아니 된다.

2) 운항 관리사의 근무시간은 연속 24시간 내 연속 10시간을 초과하도록 하여서는 아니 된다. 다만, 근로기준법 제54조에 따라 제공된 휴게시간은 근무시간에 포함되지 아니한다.

3) 규정된 휴식시간 중에 있는 운항 승무원에게 항공기 운항을 요구하여서는 아니 된다.

4) 운항 승무원, 객실 승무원 및 운항 관리사가 계획된 비행 근무시간 직전에 충분한 휴식을 취할 수 있도록 조치해야 한다.

5) 운항 승무원, 객실 승무원 및 운항 관리사에게 연속되는 7일의 기간 동안에 연속되는 24시간의 휴식을 부여해야 한다.

나. 운항 승무원, 객실 승무원 및 운항 관리사는 다음 각 호의 사항을 준수해야 한다.

1) 별표 8.4.9.3에서 정한 비행 근무에 따른 최소 휴식시간을 갖지 못한 자는 항공운송사업을 위한 비행 근무에 종사하여서는 아니 된다.
2) 규정된 휴식기간 동안에 운항증명 소지자가 부여하는 비행 근무를 수락하여서는 아니 된다.
3) 운항 승무원, 객실 승무원 및 운항 관리사는 계획된 비행 근무시간 직전에 최소한 8시간의 휴식을 취해야 한다.
4) 승무원은 비행 근무 전에 주어진 휴식시간에는 충분히 쉬어야 한다.

다. 운항증명 소지자는 별표에서 정한 대로 승무원의 휴식시간을 단축시킬 수 있다. 이 경우 승무원의 다음 휴식시간은 연장되어야 한다.

주1 운항증명 소지자의 요구에 의해 승무원이 비행을 위해 또는 비행 종료 후 한 지역 내가 아닌 다른 지역으로 지상 운송에 소요된 시간은 별표 8.4.9.3에서 정한 최소 휴식시간으로 간주되지 않는다.

주2 운항증명 소지자의 명에 의거 승무원이 모기지로 또는 모기지로부터 항공기에서 운송에 소요된 시간은 별표 8.4.9.3에서 정한 최소 휴식시간으로 간주하지 않는다.

02

객실 승무원 업무 배정

Work Allocation of Cabin Crew

1. 최소 탑승 인원 배정

객실 승무원은 매 비행 전에 본인의 업무 Duty를 사무장에게서 배정받는다. Duty는 항공기 기종, 노선, 객실 승무원의 직급과 경력, 자격증 소지 여부 등 여러 가지 기준을 적용하여 배정하게 된다. 또한 '최소 탑승 인원'을 선정하는 것이 매우 중요한데, 항공법에 근거하여 반드시 기준을 충족하는 인원으로 배정해야 한다.

항공법 시행규칙은 최소 탑승 인원으로 승객 좌석 50석당(또는 50석 미만) 최소 1명의 객실 승무원을 탑승시키도록 규정한다. 이는 안전 업무를 수행하기 위한 최소한의 객실 승무원을 정하는 것으로 이해하면 된다.

따라서 B737 기종 같은 소형기종과 B777 같은 대형기종의 최소 탑승 인원은 다르다. 예를 들어 B777-200 기종의 경우 최소 탑승 인원은 7명이다. 그런데 해당 비행에 탑승한 승객이 만석인 경우 더 많은 승무원 인력이 필요하므로 최소 탑승 인원에 해당하는 7명에게 우선적으로 업무를 배정한 후, 나머지 승무원에게 업무를 배정하면 된다. 오른쪽의 'B777-200 업무 배정표'에서 음영으로 표시된 7명의 승무원이 최소 탑승 인원이다.

B777-200 항공기 객실 승무원 업무 배정표 예시

Jumpseat 위치	담당 비상구	담당 비상구열 좌석	비행 전 점검 장비	운항 전/후 보안 점검 구역	승객 탑승/하기 시 위치
DP	L1(R1)		L1(R1) 주변 비상장비	A Zone	L1(R1) 주변
L2F	L2		L2 주변 비상장비	B Zone	L2 주변
L3	L3	41A, B, C	L3 주변 비상장비	B Zone	L3 주변
L4A	L4		L4 주변 비상장비	C Zone	L4 주변
R2F	R2		R2 주변 비상장비	A Zone	R2 주변
R3	R3	41G, H, J	R3 주변, Crew Rest Area 비상장비	B Zone	R3 주변
R4A	R4		R4 주변 비상장비	C Zone	R4 주변
R1	R1		R1 주변 비상장비	A Zone	
R2A				B Zone	
L1A				A Zone	
L4F				C Zone	
L2A				B Zone	
R4F				C Zone	

2. 기종별 업무 배정

객실 승무원의 업무 배정은 기종, 노선, 예약 승객 수에 따라 상이하다. 객실 사무장은 객실 승무원의 업무 배정 시 승객 수, 비행시간, 객실 승무원의 자격과 경력 등을 고려하여 효율적인 객실 업무가 이루어질 수 있도록 배정한다. 항공사마다 업무 기준이 다르기는 하나 본 교재에서는 B737 기종과 A380 기종을 기준으로 두 가지 예시를 살펴보도록 한다.

1) B737-900 항공기 기준 업무 배정 예시

아래는 브리핑 시트이다. 객실 승무원은 브리핑 시트를 참고하여 본인의 담당 구역과 업무에 대한 개요를 파악할 수 있다.

<table>
<tr><th colspan="10">브리핑 시트(Briefing Sheet)</th></tr>
<tr><td colspan="5">비행편수: KE 1128</td><td colspan="5">DATE: 2022.08.08</td></tr>
<tr><td colspan="5">객실 브리핑: 10:30</td><td colspan="5">합동 브리핑: 10:45</td></tr>
<tr><td colspan="5">A/C: HL(항공기 기종)</td><td colspan="5">PIC: 기장님 성함</td></tr>
<tr><td colspan="2">OUT/B</td><td colspan="3">RSVN TTL: 승객 수</td><td colspan="2">IN/B</td><td colspan="3">RSVN TTL: 승객 수</td></tr>
<tr><td>DUTY</td><td>RANK</td><td>TEAM</td><td>NAME</td><td>J/S</td><td>DUTY</td><td>RANK</td><td>TEAM</td><td>NAME</td><td>J/S</td></tr>
<tr><td>DP</td><td>CP15</td><td>035</td><td>구보영</td><td>L1</td><td>AJ</td><td>SS21</td><td>150</td><td>명미라</td><td>L1R</td></tr>
<tr><td>BS</td><td>PS19</td><td>035</td><td>김혜연</td><td>L2L</td><td>BJ</td><td>AP09</td><td>069</td><td>남수경</td><td>R2L</td></tr>
<tr><td colspan="5">ANN: 기내 방송 담당(남수경)</td><td colspan="5">SALES: 면세품 판매 담당</td></tr>
</table>

근무 경력 또는 직급 순(높은 순)은 DP → BS → BJ → AJ이다.

① DP(Duty Purser): 객실 사무장으로, 객실 승무원 업무를 배정하고 브리핑을 주관하며 서비스를 총괄한다.

② BS(B Zone Senior): 객실 뒤쪽에서 근무하는 선임 객실 승무원으로, 기내 서비스와 사무장 업무를 보좌한다. 사무장 다음으로 직급이 높은 승무원이 해당된다.

③ BJ(B Zone Junior): 객실 뒤쪽에서 선임 객실 승무원과 함께 기내 서비스와 기내 판매 업무를 수행하며, 4명의 승무원 중 셋째로 직급이 높거나 경력이 많은 승무원이 담당한다.

④ AJ(A Zone Junior): 객실 앞쪽에서 기내 서비스 업무를 수행한다. 함께 비행하는 승무원 중 직급이 낮거나 경력이 가장 적은 승무원이 담당한다.

⑤ ANN: 기내 방송 담당

⑥ SALES: 면세품 판매 담당. 해당 비행은 국내선이라 면세품 판매가 없으므로 담당자가 명시되지 않았다.

B737-900 항공기 내부 구조 예시

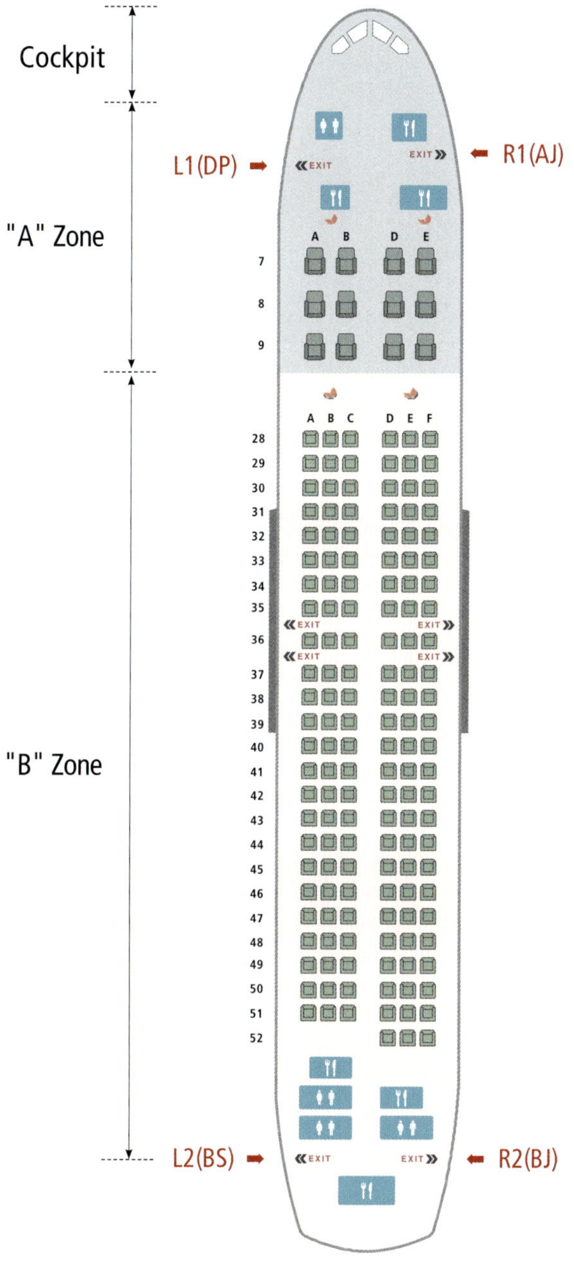

보통은 담당 비상구와 Jumpseat이 일치하나, B737 기종의 경우 R1에는 Jumpseat이 없어 AJ 승무원은 Jumpseat을 L1으로 사용한다. 이때 사무장(DP)은 Jumpseat의 왼쪽(창가쪽), AJ 승무원은 Jumpseat의 오른쪽(복도쪽)에 착석한다.

B737-900 항공기 객실 승무원 업무 배정표 예시

Jumpseat 위치	담당 비상구	담당 비상구열 좌석	비행 전 점검 장비	운항 전/후 보안 점검 구역	승객 탑승/하기 시 위치
DP	L1		L1 주변 비상장비	Fwd Cabin	L1(R1) 주변
L1R	R1		R1 주변 비상장비	Fwd Cabin	Fwd Cabin
L2L	L2		L2 주변 비상장비	Aft Cabin	L3(R2) 주변
R2L	R2	36, 37 A, B, C, D, E, F	R2 주변 비상장비	Aft Cabin	Aft Cabin
L2R				Aft Cabin	Aft Cabin
R2R				Fwd Cabin	Fwd Cabin

Crew List

NO	TEAM	RANK	EMP	NAME	CODE
1	035	CP-15	9505313	구보영	A
2	035	PS-19	9705412	김혜연	C
3	069	AP-09	9955363	남수경	B S
4	150	SS-21	2158123	명미라	F

앞의 'B737-900 항공기 객실 승무원 업무 배정표'와 'Crew List'를 참고하여 업무 배정을 해보자. B737-900 항공기의 최소 탑승 인원은 4명이다(음영으로 표시된 부분). Crew List의 인원도 4명이므로 해당 항공편은 최소 탑승 인원의 승무원만 탑승함을 알 수 있다. 따라서 음영으로 표시된 부분의 Jumpseat에 착석하도록 배정한다.

Crew List에서 CODE 중 앞쪽에 위치한 영문은 방송 자격을 뜻하고(A, B, C), 뒤쪽의 S는 일등석 리더 자격, F는 일등석에서 근무할 수 있는 자격(비즈니스 클래스도 근무 가능), P는 비즈니스 클래스에서 근무할 수 있는 자격을 의미한다(이 표에는 명시되지 않았음).

직급에 따라 최상위 직급인 CP-15(구보영)이 사무장을 담당한다. Duty Code는 DP이다. 다음 상위 직급인 PS-19(김혜연)은 선임 객실 승무원이므로 Duty Code BS를 담당한다. 다음 직급은 AP-09(남수경)이므로 Duty Code BJ를 담당한다. 가장 아래 직급인 SS-21(명미라)는 Duty Code AJ를 담당한다. 사무장을 제외하고 방송 자격이 가장 높은 남수경 승무원(방송 자격 B)이 방송을 담당한다.

2) A380 항공기 기준 업무 배정 예시

사무장은 해당 비행에 근무하는 승무원들의 상위 클래스 자격, 방송 자격, 승무원의 직급, 근무기간, 기내 판매 교육 수료 등을 고려하여 최고의 업무 효율을 기할 수 있도록 업무를 배정한다. 또한 동일 Class, 동일 Zone, 동일 Aisle에 업무 숙련도가 높은 승무원과 근무 경력이 적은 승무원을 적절하게 배치하여 전체적으로 서비스 수준을 높일 수 있도록 한다.

브리핑 시트를 보면, 앞서 살펴본 B737 기종에 비해 많은 Duty가 배정되었

Duty Assignment: 안주연(9605313, SP15/0115TM) / Duty Purser Confirmed

<table>
<tr><th colspan="15">브리핑 시트(Briefing Sheet)</th></tr>
<tr><td colspan="7">비행편수: KE 086</td><td colspan="8">DATE: 2022.08.08</td></tr>
<tr><td colspan="7">객실 브리핑: 23:40</td><td colspan="8">합동 브리핑: 23:55</td></tr>
<tr><td colspan="7">A/C: HL 항공기 기종</td><td colspan="8">PIC: 기장님 성함</td></tr>
<tr><td colspan="4">OUT/B:</td><td colspan="3">RSVN TTL: 승객 수</td><td colspan="4">N/B:</td><td colspan="4">RSVN TTL: 승객 수</td></tr>
<tr><td>DUTY</td><td>RANK</td><td>TEAM</td><td>NAME</td><td>J/S</td><td>DUTY</td><td>RANK</td><td>TEAM</td><td>NAME</td><td>J/S</td><td>DUTY</td><td>RANK</td><td>TEAM</td><td>NAME</td><td>J/S</td></tr>
<tr><td>FAL</td><td>SS12</td><td>0131</td><td>전혜원</td><td>R1</td><td>FAG</td><td>AP14</td><td>0131</td><td>박정인</td><td>R1</td><td>FAR</td><td>SS13</td><td>0117</td><td>성지아</td><td>R2</td></tr>
<tr><td>CUL</td><td>SS10</td><td>0121</td><td>김민솔</td><td>UR1</td><td>CUG</td><td>SS05</td><td>0134</td><td>임수빈</td><td>UL1</td><td></td><td></td><td></td><td></td><td></td></tr>
<tr><td>CVL</td><td>SS12</td><td>0518</td><td>유제인</td><td>UL2</td><td>CVG</td><td>SS97</td><td>0134</td><td>김윤솔</td><td>UR1</td><td>CVR</td><td>SS13</td><td>0117</td><td>성지안</td><td>UR2</td></tr>
<tr><td>CVM</td><td>SS13</td><td>0518</td><td>임성빈</td><td>UL3</td><td></td><td></td><td></td><td></td><td></td><td>CVS</td><td>SS13</td><td>0117</td><td>김성은</td><td>59B</td></tr>
<tr><td>CWL</td><td>SS12</td><td>0518</td><td>한인수</td><td>R5</td><td>CWG</td><td>AP13</td><td>0115</td><td>정현주</td><td>UL1</td><td>CWR</td><td>SS13</td><td>0254</td><td>전혜경</td><td>59C</td></tr>
<tr><td>YBL</td><td>SS13</td><td>0171</td><td>전희정</td><td>L2</td><td>YBG</td><td>SP06</td><td>0154</td><td>전종한</td><td>L2</td><td>YBR</td><td>SS15</td><td>0117</td><td>김유나</td><td>R2</td></tr>
<tr><td>YCL</td><td>SD14</td><td>0127</td><td>박정우</td><td>L3</td><td>YCG</td><td>AP12</td><td>0154</td><td>임형순</td><td>L4</td><td>YCR</td><td>SS13</td><td>0255</td><td>윤하나</td><td>R3</td></tr>
<tr><td>YDL</td><td>SS14</td><td>0123</td><td>이예나</td><td>L4</td><td>YDG</td><td>AP12</td><td>0154</td><td>홍미나</td><td>R4</td><td>YDR</td><td>SP12</td><td>0124</td><td>김은정</td><td>R4</td></tr>
<tr><td>BAR</td><td>AP13</td><td>0128</td><td>한지민</td><td>UR3</td><td>DFS</td><td>AP14</td><td>0651</td><td>채강민</td><td>L5</td><td></td><td></td><td></td><td></td><td></td></tr>
<tr><td colspan="7">ANN: 방송 담당자</td><td colspan="8">SALES: 면세품 담당자</td></tr>
</table>

A380 항공기 객실 승무원 업무 배정표 예시

Jumpseat 위치	담당 비상구	담당 비상구열 좌석	비행 전 점검 장비	운항 전/후 보안 점검 구역	승객 탑승/하기 시 위치
DP	L1		L1 주변 비상장비	A Zone	L1 주변
L2L	L2		L2 주변 비상장비	B Zone	L2 주변
L3	L3	42A, B, C	L3 주변 비상장비	C Zone	L3 주변
L4L	L4	52A, B, C	L4 주변 비상장비	D Zone	L4 주변
L5	L5		L5 주변 비상장비 Duty Free Showcase	D Zone	L5 주변
UL1F	UL1		UL1 주변 비상장비	U Zone	UL1 주변
UL2	UL2	20A, B	UL2 주변 비상장비	V Zone	UL2 주변
UL3	UL3		UL3 주변 비상장비	W Zone	UL3 주변
R1R	R1		R1 주변 비상장비	A Zone	R1 주변
R2R	R2		R2 주변 비상장비	B Zone	R2 주변
R3	R3	42H, J, K	R3 주변 비상장비 Crew Rest Area 비상장비	B Zone	R3 주변
R4R	R4	52H, J, K	R4 주변 비상장비	C Zone	R4 주변
R5	R5		R5 주변 비상장비	D Zone	R5 주변
UR1A	UR1		UR1 주변 비상장비	U Zone	UR1 주변
UR2	UR2	20G, H	UR2 주변 비상장비	V Zone	UR2 주변
UR3	UR3		UR3 주변 비상장비	W Zone	UR3 주변
L2R				B Zone	B Zone
L4R				C Zone	C Zone
R2L				B Zone	B Zone
R1L				A Zone	A Zone
R4L				C Zone	C Zone
UL1A				U Zone	U Zone
UR1F				V Zone	V Zone

다. 항공기 자체가 B737 기종보다 더 크기 때문에 탑승하는 승객 수와 승무원 수도 늘어나기 때문이다.

객실 승무원은 브리핑 시트를 통해 자신의 업무 위치를 파악할 수 있다. 예를 들어 SS12 전혜원 승무원의 Duty는 FAL인데, F는 근무하는 클래스(First Class, 일등석)를 뜻하고, A는 항공기 구조상 A Zone(구역)에서 근무함을 뜻하며, L은 L Side(항공기의 왼쪽)에서 근무함을 뜻한다.

브리핑 시트의 DUTY 약어

- F: First Class / C : Business Class / Y: Economy Class
- A: A Zone / B: B Zone / C: C Zone / D: D zone / V: V Zone / W: W Zone
- U: Upper Deck(2층)
- L: Left(왼쪽) / R: Right(오른쪽)
- G: Galley(주방)
- BAR: 2층 Bar 담당
- DFS: 항공기 최후방 기내 판매 전시 및 판매장 담당
- ANN: 방송 담당
- SALES: 기내 판매 담당

모든 객실 승무원은 자신에게 할당된 업무에 책임감을 갖고 성실히 수행할 수 있도록 최선을 다해야 하며, 자신의 업무를 다른 승무원과 상호 변경할 수 없다.

3. 업무 역량에 따른 업무 배정

승무원의 업무 배정 시 승무원 개인이 소지한 다양한 자격을 참고한다. 그 자격으로는 상위 클래스 자격(일등석, 비즈니스석), 기내 방송 자격, Bar 근무 담당 자격 등이 있다(K 항공사 기준).

- 상위 클래스 자격: P 코드는 비즈니스석 교육을 수료한 자, F 코드는 일등석 교육을 수료한 자

협동체(Narrow Body)

- 기내 방송 자격: A등급, B등급, C등급(최상위 등급은 A)
- Bar 근무 담당 자격: 소정의 'Bar' 교육을 수료하여 A380 기종에서 Bar 구역 근무가 가능한 자

4. 노선 특성에 따른 업무 배정

1) 국내선(Domestic)

국내선 운영 항공기

국내선은 비행시간이 1시간 정도로 짧기 때문에 소형기종의 항공기가 투입되는 경우가 많다(예약 상황에 따라 대형기종이 투입되기도 함). 국내선에 투입되는 항공기는 주로 기내 복도가 하나인 협동체(Narrow Body)이다. 대표적인 기종으로는 보잉사 B737, 에어버스 A220, A318, A319, A320, A321 등이 있다.

대표적인 단거리 투입 기종

- B737 – 800

Soos Jozsef / Shutterstock.com

- B737–900

viper-zero / Shutterstock.com

- A220–300

kamilpetran / Shutterstock.com

- A320

Laser1987 / iStock Editorial / Getty Images Plus

국내선 최소 탑승 인원 근무 배정

국내선은 승객 예약 인원수와 상관없이 최소 탑승 인원을 기준으로 승무원 배정이 이루어진다. 따라서 기종에 따라 3~7명의 승무원이 근무하게 된다. 국내선의 사무장은 'DP' Jumpseat에 착석하고, 나머지 승무원의 Jumpseat은 해당 편 객실 사무장이 업무 효율성을 감안하여 배정한다.

국내선 노선 특징

국내선은 노선에 따라 비즈니스 목적으로 개인 단위로 탑승하는 승객이 많은 노선과, 여행 및 관광 목적으로 가족 단위 승객이 주를 이루는 노선으로 구분된다. 비즈니스 목적으로 개인 단위로 탑승하는 승객이 많은 노선은 기내 분위기가 차분하며 휴식을 취하는 승객이 다수이다. 반면에 여행 및 관광 목적의 승객이 다수인 노선은 기내 분위기가 활기차고, 아이 동반 승객과 일행과의 대화로 다소 소란스러울 수 있으므로 상황에 적절한 응대가 요구된다.

- 제주 노선: 관광을 목적으로 여행하는 승객이 주를 이룬다.
- 부산/울산: 비즈니스를 목적으로 하는 상용 고객이 주를 이룬다.
- 대구/광주, 기타 노선: 제주, 한중 노선, 한일 노선으로 여행하는 단체 승객이 많다.

국내선 운항 도시 3 Letter Code

도시명	공항 코드	도시명	공항 코드
서울	SEL	군산	KUV
제주	CJU	여수	RSU
부산	PUS	인천	ICN
대구	TAE	원주	WJU
광주	KWJ	진주	HIN
포항	KPO	청주	CJJ
울산	USN	김포	GMP

2) 국제선(International)

국제선은 국내선에 비해 비행시간도 길고, 서비스 형태와 부대시설이 다양하기 때문에 국내선보다 근무 배정이 복잡하다. 회사에서 임명한 객실 사무장, 방송 자격을 소지한 승무원, 상위 클래스 근무 자격 승무원, 기내 판매 승무원, 갤리 담당 승무원, 일반 객실 승무원 등 자격과 경력 등을 고려하여 업무를 배정한다.

국제선 운영 항공기

국제선에 투입되는 항공기는 항공사마다 상이하지만, 중장거리 비행에 유리한 광동체(Wide Body: 기내 복도가 2개)이다. 물론 기종은 기종마다 상이한 최대 항속 거리를 기준으로 중거리 비행이나 장거리 비행에 투입된다. 예를 들어 B737-900 항공기의 경우 최대 항속 거리가 4,993km로 순항속도 836km/hr로 비행했을 때 최장 5시간 59분 동안 비행할 수 있기 때문에 장거리 노선에는 투입할 수가 없다. 항공사는 이러한 항공기 성능을 감안하고 노선에 따른 고객 수요를 파악하여 적절한 항공기를 투입하게 된다.

Arnold O.A. Pinto / Shutterstock.com

광동체(Wide Body)

대표적인 장거리 투입 기종

- B787-9

Markus Mainka / Shutterstock.com

- B777: B777-200ER, B777-300, B777-300ER

cartoonfullhd / Shutterstock.com

- B747: B747-8i, B747-400

Senohrabek / Shutterstock.com

- A380-800

The Global Guy / Shutterstock.com

국제선 노선

- 한일 노선
- 한중 노선
- 동남아 노선
- 북미 노선
- 유럽 노선
- 대양주 노선
- 기타 노선

국제선 최소 탑승 인원 근무 배정

국제선은 기종에 따라 최소 탑승 인원이 3~16명이다. 우선 객실 사무장은 'DP', 객실 부사무장은 'L2' Jumpseat에 착석한다. 그리고 나머지 승무원의 Jumpseat은 최소 탑승 인원을 선배정한 후, 상위 클래스 승무원, 기내 판매 승무원, 갤리 담당 승무원, 방송 담당 승무원, 일반 객실 승무원 등 자격과 경력을 고려하여 적절히 배정한다.

국제선 노선의 일반 특징

- 국제선 노선의 비행시간을 기준으로 단거리, 중거리, 장거리 비행으로 나누어진다.
- 출발 시간대별로 주간 비행과 야간 비행으로 구분한다.
- 국가별로 특화된 식음료 서비스를 실시한다.
- 국가별로 해당 언어로 소통이 가능한 객실 승무원이 탑승한다.

국제선 노선별 특징

- 한일/한중 노선: 단기간의 휴가를 이용하여 관광 및 쇼핑을 목적으로 하는 여행객이 주를 이룬다.
- 동남아 노선: 리조트에서 휴가를 즐기려는 신혼여행, 가족 여행객이 주를 이룬다.
- 북미 노선: 재외 거주자와 유학생, 동남아시아에서 환승하는 승객이 주를 이룬다.
- 유럽 노선: 비즈니스, 관광을 목적으로 하는 승객이 주를 이룬다.

대표적인 국제선 공항 3 Letter Code

미주 노선

도시명	공항 코드	도시명	공항 코드
Anchorage	ANC	Los Angeles	LAX
Atlanta	ATL	New York	JFK
Boston	BOS	San Francisco	SFO
Chicago	ORD	Sao Paulo	GRU
Dallas	DFW	Toronto	YYZ
Denver	DEN	Vancouver	YVR
Hawaii	HNL	Washington D.C	IAD

구주 노선

도시명	공항 코드	도시명	공항 코드
Amsterdam	SPL	Madrid	MAD
Bahrain	BAH	Moscow	SVO
Cairo	CAI	Paris	CDG
Frankfurt	FRA	Rome	FCO
Jeddah	JED	Telaviv	TLV
London	LHR	Zurich	ZRH
Vladivostok	VVO	Dubai	DXB
Istanbul	IST	Prague	PRG

대양주 노선

도시명	공항 코드	도시명	공항 코드
Auckland	AKL	Nandi	NAN
Brisbane	BNE	Saipan	SPN
Christchurch	CHC	Guam	GUM
Sydney	SYD		

동남아 노선

도시명	공항 코드	도시명	공항 코드
Bangkok	BKK	Macau	MFM
Denparsar	DPS	Bombay	BOM
Hochimin	SGN	Phuket	HKT
Cebu	CEB	Singapore	SIN
Jakarta	CGK	Hanoi	HAN
Kuala Lumpur	KUL	Ulanbaatar	ULN
Manila	MNL	Penang	PEN
Phnom Penh	PNH	Siem Reap	REP
Da Nang	DAD	Chiang Mai	CNX

중국 노선

도시명	공항 코드	도시명	공항 코드
Beijing	PEK	Tianjin	TSN
Shanghai	PVG	Harbin	HRB
Shenyang	SHE	Qingdao	TAO
Yanji	YNJ	Sanya Pheonix	SYX
Hong Kong	HKG	Weihai	WEH
Changsa	CSX	Yantai	YNT

일본 노선

도시명	공항 코드	도시명	공항 코드
Tokyo(Narita)	NRT	Tokyo(Haneda)	HND
Osaka	KIX	Sapporo	CTS
Hakodate	HKD	Nagoya	NGO
Fukuoka	Fuk	Kagoshima	KOJ
Oita	OIT	Nagasaki	NGS
Niigata	KIJ	Okayama	OKJ
Aomori	AOJ	Akita	AXT

잠깐! 점검해 볼까요?

01 객실 승무원의 근무 할당표

1. 최소 탑승 인원이란 무엇인가?

2. 근무 할당표를 통해 알 수 있는 정보는 어떤 것인가?

02

객실 승무원 업무 배정

1. 업무 역량에 따른 업무 배정을 할 경우 고려해야 할 것에는 어떤 것들이 있는가?

2. 국제선 노선과 국내선 노선의 특징을 정리해 보시오.

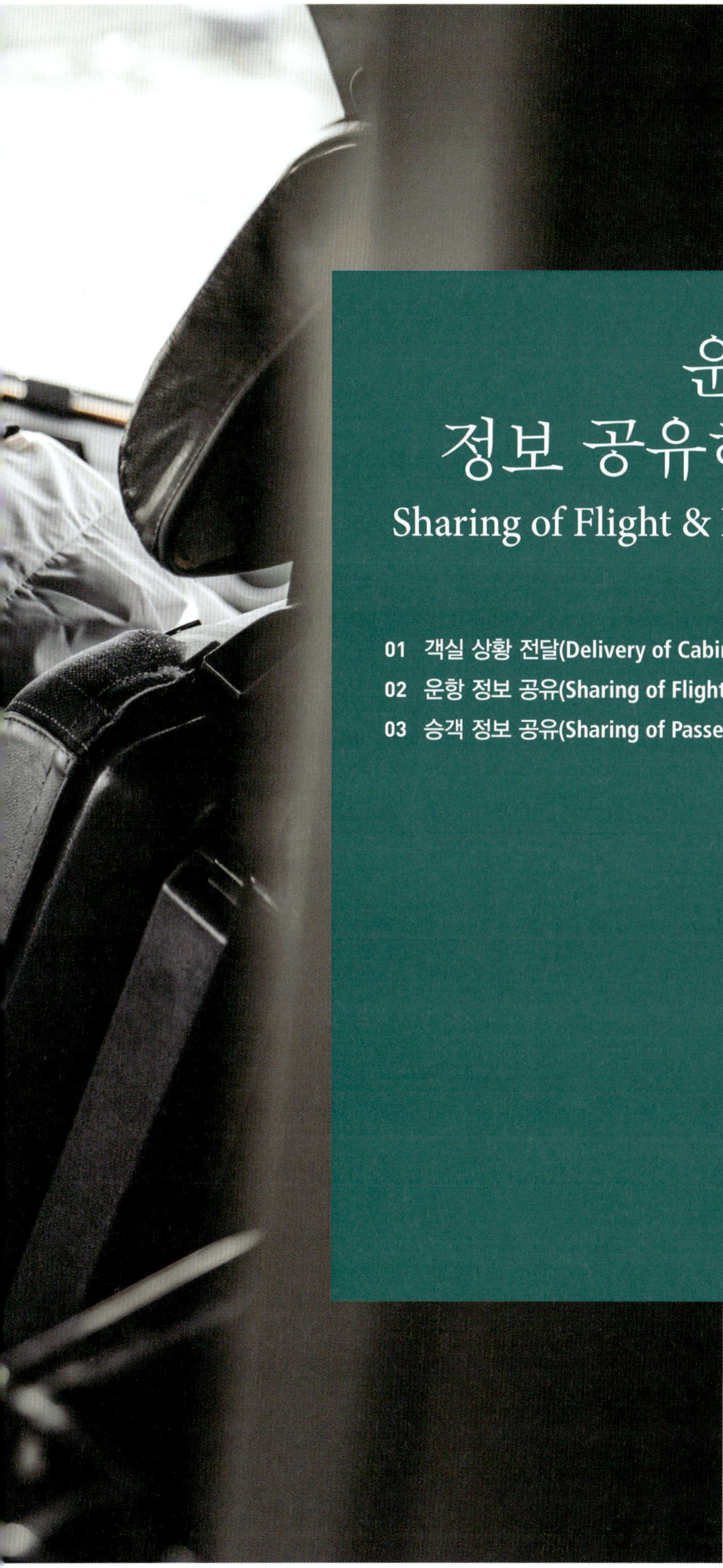

운항 · 객실 간 정보 공유하기(C.R.M)

Sharing of Flight & In-cabin Information (CRM)

3

01
객실 상황 전달
Delivery of Cabin Status

수행 준거

- 객실 서비스 및 객실 안전 규정에 따라 객실 상황을 판단하여 상급자에게 신속하게 보고할 수 있다.

1. 객실 승무원의 지휘 체계

비행 중 운항 승무원과 객실 승무원의 원활한 의사소통은 매우 중요하다. 비행 단계에 따라 필요한 사항을 담당구역 승무원은 객실 사무장에게, 객실 사무장은 기장에게 보고해야 한다.

1) 객실 승무원의 권한과 책임

- 기장: 항공기 운항에 대한 최종 권한을 가지며, 비행기 문이 닫힌 시점부터 탑승 중인 모든 승무원, 승객 또는 화물의 안전에 대한 책임을 진다. 또한 이륙을 목적으로 이동을 시작한 시점부터 엔진 작동이 멈출 때까지 비행기의 안전과 보안, 운항에 대한 책임을 진다.
- 부기장: 안전한 운항이 되도록 기장을 보좌하며, 기장 임무 불능 시 기장을 대신하여 책임을 진다.
- 객실 사무장: 객실 승무원에 대한 책임을 지며 승객에게 최고의 안전, 서비스가 제공되도록 서비스 규정과 절차가 준수되고 있는지 확인한다. 객실 사무장은 기장과 객실 승무원들이 원활한 관계를 유지하고 의사소통하도록 연결하는 역할도 한다.

2) 객실 승무원의 지휘 체계

항공기 내에서 발생하는 모든 업무는 특별한 사유를 제외하고 지휘 체계를 따라 처리한다. 지휘 체계는 다음과 같다.

만약 기장의 임무 수행이 불가능한 상황이 발생하면, 그다음 직급으로 지휘권이 승계된다. 즉 부기장 → 객실 사무장 → 객실 부사무장 → 객실 승무원 순이다. 객실 승무원 내에서의 지휘 계통은 직책이 우선이며, 상위 직급 순에 따른다.

3) 객실 보고 기준

- 객실 승무원은 비상사태를 포함하여 근무 중 발생하는 비정상 상황 중 항공기 운항에 영향을 끼칠 수 있는 사항과 잠재적 안전 저해 요소 및 일련의 사후 조치(절차 개선, 재발 방지, 현장 시정, 승객 관리 등)가 필요한 사항에 대해 보고한다.
- 비행 중 비상탈출, 화재, 기내 사망, 응급환자, 테러 위협 등의 긴급 사항과 이와 관련된 사항은 즉시 기장에게 보고해야 한다.
- 서면 보고는 각 항공사의 규정에 따라 객실 보고서(Cabin Report) 등의 양식을 이용하여 보고할 수 있다.

4) 비행 단계별 보고

승객 탑승 전

보고 내용
• 객실 승무원 탑승 인원을 보고한다. • 비행기 탑승 후 안전 및 보안 점검 이상 유무를 보고한다. • 기내식 및 서비스 용품 탑재 이상 유무를 보고한다.

보고 방법

- 운항 승무원과 합동 브리핑 시 객실 승무원의 탑승 인원을 기장에게 보고한다.
- 운항 승무원은 해당 편수의 운항 승무원 탑승 인원, 승객 예약 수, 비행시간, 항로상 기류, 도착지 기상 등에 대한 브리핑을 한다.
- 기내 안전 보안 점검표에 따라 점검을 완료한 후 이상 유무를 보고한다.
- 기내 서비스 용품 점검표에 따라 점검을 완료한 후 이상 유무를 보고한다.

승객 탑승 및 이륙 전

보고 내용

- 승객 탑승 준비 점검 완료 후 기장에게 준비 완료를 보고한다.
- 출발 · 도착 서류(국제선의 경우 국가별 입국서류)의 탑재 및 특이사항을 보고한다.
- 최종 탑승 인원 및 도어 클로즈(Door Close)를 보고한다.
- 이륙 준비 완료를 보고한다.

보고 방법

- 승객 탑승 후, 승객 탑승 수를 보고한다(승객 착석 상태 및 화장실 승객 유무 확인).
- 운항에 필요한 서류(승객 명단: Passenger List/Passenger Manifest, 항공기 출항 · 입항 허가서: General Declaration, 화물 적하 목록: Cargo List/Cargo Manifest 등)와 도착지 입국서류(출입국카드, 세관신고서, 검역설문서) 탑재 여부와 탑재량을 확인한 후 보고한다.

  ☞ 각 항공사의 규정에 따라 환자 승객이나 임산부가 탑승할 경우 서약서를 받는 경우도 있다.
- 객실 및 화물칸(Cargo)에 탑재되는 기장 통보서(NOTOC, Notification to Captain) 사항을 보고한다.

  ☞ 의료용 장비, 인체 장기, 위험물, 살아 있는 동물 등이 포함된다.
- 객실 특이사항(응급환자 수송, 호송 죄수, VIP, 추방자, 서약서를 작성한 승객 탑승 등)을 보고한다.
- 승객 착석 상태를 점검하고, 서류 탑재가 확인되면 도어 클로즈를 보고한다.
- 승객 안전 브리핑 후 이륙 준비 완료를 보고한다.

비행 중

보고 내용

- 비정상 상황
- 응급환자 발생
- 화재 발생
- 기내 설비 고장
- 기내 대테러 상황 발생
- 특별 승객(Special Request: 휠체어 승객, VIP, 응급환자) 관련 요청사항 등

보고 방법

- 기내 응급환자 발생 시 객실 사무장은 환자 발생 내용을 즉시 기장에게 보고하여 환자 승객 처리 절차에 대한 제반 업무에 관해 협의한다.
- 기내 화재 발생 시 화재의 정확한 위치, 특성, 색깔, 승무원의 조치사항 및 승객의 반응을 기장에게 보고한다.
- 객실 승무원은 비행 중 발생한 기내 설비의 문제점 등을 사무장에게 보고하고 이 내용을 CDL(Cabin Discrepancy List)에 작성하여 운항 승무원과 정비사에게 인계한다.
  ☞ CDL은 객실 장비, 설비에서 이상이 발생할 경우 해당 내용을 보고하고 교체 또는 수리하기 위해 기록하는 서류이다.

■ **비상사태 시 사용하는 신호**

- 긴급신호: 비행 중 항공기 및 객실 안전과 관련하여 객실에서 조종실에 긴급하게 연락해야 할 때 사용한다. 특히 Sterile Cockpit 시점, 즉 항공기 고도가 10,000ft 이하에서 객실 및 기체 안전과 관련하여 조종실에 신속히 연락해야 할 때 사용한다.
- 비상신호: 비행 중 응급환자 발생이나, 화재, 테러 등의 비상사태가 발생하여 운항 승무원을 포함하여 모든 객실 승무원에게 긴급히 연락해야 할 때 사용한다.

■ **항공기 기종별 긴급신호**

- A380: 핸드셋에서 EMER 버튼을 1초 이상 누른다.
- B747: 핸드셋에서 P 버튼을 2회 누른다.
- B777: 핸드셋에서 * 버튼을 2회 누른다.
- A330: 핸드셋에서 CAPT, RESET, CAPT 버튼을 누른다.
- B737: 핸드셋에서 2번 버튼을 2회 누른다.

■ **항공기 기종별 비상신호**

- A380: 핸드셋에서 EMER 버튼을 1초 이상 누른다.
  ☞ 또는 EMER 버튼을 누르고 SEND 버튼을 누른다.
- B747/B777: 핸드셋에서 5번 버튼을 2회 누른다.
- A330: 핸드셋에서 PRIO CAPT 버튼을 누른다.
- B737: 핸드셋에서 2번 버튼을 3회 누른다.

착륙 및 승객 하기 후

보고 내용

- 승객 하기 보고
- 승객 하기 후 보안 점검 완료 후 이상 유무 보고

보고 방법

- 객실 승무원은 모든 탑승객의 하기를 확인한 후 담당구역의 화장실, 좌석 주위, 앞좌석 주머니, Overhead Bin, 코트룸, Bunk 등을 확인하고 담당구역별로 기내 보안 점검을 실시한다. 잔류 승객이나 수상한 물건이 없는지 확인하고 이상 유무를 사무장에게 보고한다.

비행 종료 후

보고 내용

■ 객실 보고서 작성

비행 중 발생했던 비정상 상황이나 사고와 같은 비상사태, 항공기 운항에 영향을 미칠 수 있는 사항, 잠재적 안전 저해 요소, 기타 절차 개선, 재발 방지, 승객 관리 등 일련의 사후 조치가 필요한 사항에 대해 회사에 보고해야 한다.

보고 방법

상황에 따라 다음과 같은 보고서를 작성한다.

- Cabin Report: 승객과 연관된 불만, 제언 및 비정상 상황, 승객과 연관되지는 않지만 유관 부서의 참고 및 후속 조치가 필요한 사항에 대해 객실 사무장이 작성하는 보고서이다.
- General Report: Cabin Report의 보고사항을 제외한 모든 필수 보고사항으로 스케줄 변경이나 보상 휴무일 신청, 승무원 해외 진료 등과 관련된 승무 지원 내용이나 Cleaning Coupon 지급 내역에 관해 작성하는 보고서이다.
- SafeNet: 항공 관련 비정상 상황(사고 포함)에 대해 법적으로, 의무적으로 보고해야 하는 웹사이트이다.

■ 보고서 작성 요령

- 육하원칙에 의거하여 정확하게 작성한다.
- 상황 전개 및 조치사항 등을 정확하고 간결하게 작성한다.
- 승객 관련 내용일 경우 승객의 인적 사항을 정확하게 기록하고 필요할 경우 제출한다.
- 목격자와 증거물이 필요한 경우 적극적으로 확보한다.
- 긴급사항은 유선으로 먼저 보고하고 보고서는 나중에 작성한다.
- 영문을 약어로 쓸 때는 공용 약어를 사용한다.

Sterile Cockpit

- 비행 중요 단계(Critical Phases Flight)에서는 운항 승무원의 업무에 방해가 될 수 있는 객실 승무원의 어떠한 행위도 금지한다.
- 항공기의 지상 이동 및 비행고도 10,000ft 이하에서 운항하는 시점을 '비행 중요 단계'라고 한다. 객실 승무원은 이/착륙 시 Fasten Seatbelt on/off 및 기내 표준 신호를 이용하여 비행 중요 단계의 시작시점과 종료시점을 알 수 있다. 쉽게 말하면, 지상 이동 및 비행고도 10,000ft 이하에서 객실 승무원의 조종실 연락을 제한하는 것을 Sterile Cockpit이라고 한다.
- 객실 승무원은 비행 단계 중 항공기 이륙 전 지상 이동(Taxiing), 이륙(Take-off), 착륙(Landing), 착륙 후 지상 이동(Taxiing), 이륙 후, 착륙 전 10,000ft 고도 이하에서 항공기 안전과 직결된 사항 이외 일체의 조종실 업무 방해 행위를 하지 말아야 한다.
- 하지만 객실 승무원은 보고의 실시 및 지연이 비행 안전과 직결되는지 여부를 파악하기 어렵기 때문에 안전에 관련한 사항 또는 위급사항 발생 시 긴급신호를 이용하여 운항 승무원에게 연락을 취할 수 있다. 기장은 안전을 고려하여 객실 승무원과 통화 여부를 결정할 수 있으며, 즉각 응답이 어려운 경우 가능한 한 빠른 시간 내에 객실 승무원에게 연락한다.

02

운항 정보 공유
Sharing of Flight Information

수행 준거

- 객실 서비스 및 안전 규정에 따라 운항 정보를 공유할 수 있다.

1. 운항 정보

운항 승무원과 객실 승무원은 항상 조종실과 객실에 관한 정보를 공유해야 한다. 특히 운항 중 비정상 상황 발생 시 완벽한 공조를 통해 이를 해결해야 하기 때문에, 정확하고 원활한 운항 정보 공유는 필수라 하겠다.

- 항공기 안전 운항을 위해 반드시 알아야 하는 정보로, 공항의 보안 시설 운용 상황, 사용 활주로, 진입 방식, 항로상 제한사항 등이 이에 해당된다.
- 목적지 공항 및 항공로의 기상 상황, 화산재 정보 등의 기상 정보도 안전 운항에 반드시 필요한 정보이다.
- 운항 승무원은 항공기가 출발하기 전 최신의 운항 정보를 수집 · 분석한 운항 관리사로부터 운항 정보를 전달받아 객실 승무원과 합동 브리핑 시 정보를 공유하여 안전 운항을 할 수 있도록 한다.
- 비행 정보 간행물(FLIP)과 항공 정보 간행물(AIP)에서 발췌한 목적지 공항의 비행 시설, 각종 절차에 대한 정보를 얻을 수 있으나 도중에 변경사항이 발생할 수 있음을 유념해야 한다.

2. 운항 승무원과 객실 승무원이 공유할 내용

1) 합동 브리핑 내용

계획된 비행시간, 고도, 항로, 화물 상황, 항로상의 기상, 즉 항로상 예측되는 난기류(Turbulence) 시 신호 방법, 지속되는 시간 등에 대한 정보, 항공 보안사항, 조종실 출입 절차, 목적지 기상 및 도착 예정시간, 승객 예약사항 및 VIP, CIP, 편승 승무원(Extra Crew)을 포함한 운항 승무원 탑승 인원, 환자 등에 대한 사전 정보를 공유한다.

조종실 출입 절차 매뉴얼

① 조종실은 통제구역으로 설정하며 조종실 출입문은 승객 탑승 전에 Close & Lock하고 승객 하기 후에 개방하는 것을 원칙으로 한다.

② 해당 항공기의 승무원과 운항 본부장이 조종실 출입을 허가한 자(Cockpit Auth 소지자) 등, 조종실 출입이 인가된 사람을 제외하고 그 누구도 조종실에 출입할 수 없다.

③ 조종실 출입 허가 서류 발행처

조종실 출입 인가 서류	발행권자
항공기 출입 요구서	국토교통부 장관 또는 지방 항공청장
조종실 탑승 허가서(Cockpit Auth)	항공사 운항 부서 담당 임원

2) 조종실 출입 절차

객실 승무원이 조종실에 출입하기 위해서는 사전에 미리 공유된 절차(매뉴얼)에 따라 출입해야 한다.

평상시 조종실 출입 절차

- 조종실에 들어가기 전 객실 승무원은 인터폰을 통해 조종실 내 운항 승무원에게 허가를 받는다.
  ☞ 합동 브리핑 시 기장이 음어나 노크 횟수를 지정했다면 객실 승무원은 이를 사용한다.
- 조종실 출입문 근처의 화장실 사용 여부와 주변에 승객이 있는지 여부를 확인한다.
- 조종실 앞에 장착된 커튼을 닫아 조종실 출입이 승객에게 노출되지 않도록 한다.
- 미리 정해 놓은 방법으로 노크하고 출입문이 개방되면 조종실로 들어가 문을 즉시 닫는다.
- 객실 승무원이 조종실 출입을 할 때는 2인 1조로 한다. 객실 승무원 1명이 조종실에 들어가고 다른 객실 승무원 1명은 조종실 출입문 입구에서 주변 상황을 살핀다.
- 조종실에서 나올 때는 조종실 내부에 있던 객실 승무원이 조종실 외부에 있는 객실 승무원에게 인터폰으로 연락하여 조종실 앞에서 경계해 주고 커튼을 닫아 줄 것을 요청한다.
- 조종실을 나오기 전에 광폭 렌즈나 인터폰을 사용하여 외부의 안전을 확인한 후 출입문을 열고 나온다.

비상시 조종실 출입 절차

- 비상 출입 절차란 3회 이상의 정상 출입 절차를 수행했음에도 운항 승무원에게 아무런 반응이 없어서 조종실 내 비상사태가 예상될 경우 사용하는 출입 절차이다.
- 기종마다 약속된 장소에 표시되어 있는 Emergency Access Code를 Key Pad에 입력하면 빨간불이 점멸하면서 Bell 또는 Buzzer가 지속적으로 울리고, 정해진 시간(보통 60초)이 경과하면 출입문이 자동으로 열린다.
- 이때도 정상 출입 절차와 마찬가지로 객실 승무원 1명은 조종실 출입구 근처

항공기 출입요구서

국토교통부
Ministry of Land, Infrastructure and Transport
Republic of Korea

항공기출입요구서
REQUEST FOR ACCESS TO AIRCRAFT

발급번호 제OP- 호

이 항공기출입요구서를 소지한 자는 항공안전법 제77조 및 제132조와 운항기술기준 8.1.8.11의 규정에 의하여 항공기의 조종실출입 공무수행자임을 증명합니다.
Pursuant to the Aviation Act and Flight Safety Regulations, access to aircraft is requested for the person herein named

☐ 항공기탑승 ☐ on a must fly / ☐ 관찰 ·점검좌석제공 ☐ space available basis from

검사관 성명 Inspector's name		검사관 소속·직급 Inspector's Title		증명서번호 Credential No.	
항공사명 Name of Operator					
검사일자 Date		시간 Time		비행편명 flight No.	

점 검 노 선

THE ROUTE(S) TO BE FLOWN

From	To	검사관 서명 Inspector's Signature
From	To	____________

목적 PURPOSE

년 월 일

국토교통부장관 또는 지방항공청장 (직인)

에서 객실 상황을 모니터링한다.

- Cockpit 내 운항 승무원에게 비상사태가 발생하지 않은 경우, 조종실 밖에서 객실 승무원이 비상 출입 절차를 수행하기 위해 Emergency Access Code를 입력했더라도 운항 승무원이 Deny(Boeing 기종) 혹은 Lock(Airbus 기종)을 선택했다면 정해진 시간(대개 20분) 동안에는 외부에서 Key Pad를 작동할 수 없으며, 조종실 출입문은 위험사항이 모두 해결된 후에 개방할 수 있다.

조종실 문

3) 항공 보안사항

항공 보안이란 항공기 납치, 폭파 위협 및 항공기 안전 운항을 저해하는 불법 간섭 행위를 방지하거나 영향을 최소화하기 위한 모든 행위를 말한다. 운항 승무원은 합동 브리핑 시 해당 편 Alert Level을 공지하고, 객실 승무원은 그에 따른 보안 점검 및 안전 업무를 수행한다.

Alert Level이란 항공 보안 등급으로, 국가항공 보안위협 등급과 항공사 등급으로 구분할 수 있다. 국가항공 보안위협 등급은 대한민국의 공식 등급이며 5단계로 구분되고, 항공사 등급은 항공사별로 사내 보안 등급이 다를 수 있는데 K 항공사의 경우 3단계로 나뉜다.

항공 보안 등급(Alert Level)

<table>
<tr><th colspan="2">국가항공 보안위협 등급</th><th>K 항공사 등급</th></tr>
<tr><td>평시
(Green)</td><td>• 불법 행위 위협이 낮은 단계
• 일상적인 기본 보안 예방 조치</td><td rowspan="3">Alert 3(주의, Yellow)
승무원 및 현장 직원의 보안의식 고취 및 관심이 필요한 경우로, 구체적이고 믿을 만한 위협 정보는 없으나 허위 위협이나 합법적 시위 등이 있는 경우에 발령함</td></tr>
<tr><td>관심
(Blue)</td><td>불법 행위 징후가 있으나 불법 행위로 이어질 수준이 비교적 낮음</td></tr>
<tr><td>주의
(Yellow)</td><td>불법 행위 징후가 활발하고 불법 행위로 발전할 경향이 있음</td></tr>
<tr><td>경계
(Orange)</td><td>불법 행위 활동이 활발하고 불법 행위가 심각한 수준으로 발전할 경향이 높음</td><td>Alert 2(경계, Orange)
실제 폭파 위협이나 정치 · 사회적 불안 등 구체적이고 믿을 만한 위협 정보로 인해 항공기 안전 운항을 위해 강화된 보안 대책이 필요한 경우에 발령함</td></tr>
<tr><td>심각
(Red)</td><td>불법 행위 활동이 활발하고 불법 행위가 심각한 수준으로 발생한 상태임</td><td>Alert 1(심각, Red)
항공기나 공항에 대한 테러 공격, 항공기 납치, 전쟁, 폭동 등 실제 위험이 존재하고, 항공기 안전 운항을 위해 최고 수준의 보안 대책이 필요한 경우에 발령함</td></tr>
</table>

'항공 보안 등급' 표와 같이 국가 등급이 낮아지더라도 항공사 등급은 하향되지 않고 주의(Yellow) 단계를 유지하는 것을 볼 수 있다. 승무원은 항공기에 탑승한 후 비상 장비 점검과 더불어 '항공기 보안 점검 체크리스트'에 따라 보안 점검을 실시하는데, 보안 점검 시에는 해당 편 Alert Level에 해당하는 항목을 점검하면 된다. 해외 목적지 국가의 보안 점검 규정이 항공사와 상이할 경우, 해당 국가에서 요구하는 보안 규정에 따라 보안 점검을 실시한다.

점검 중 의심스러운 물건을 발견하거나 이상이 있을 경우 기장에게 보고하여 관계 기관에 신고하며, 보안 점검 완료 후 결과를 기장에게 보고한다. 비행 중 수상한 승객이나 의심스러운 물건을 발견한 경우 인터폰을 이용하여 즉시 기장에게 보고하고, 조종실 진입 · 파괴 시도나 공중 납치 등 비상상황이 발생하여 인터폰을 사용할 수 없는 경우에는 비상벨을 사용하여 기장에게 즉시 알린다.

4) 비상 대응 절차

비행 중 비상사태 시 운항 승무원과 객실 승무원은 서로 사전에 협의된 절차에 따라 신속한 대응을 해야 한다. 이를 위해서는 운항 브리핑 시 비상착륙이나 비상탈출을 비롯하여 비행 중 발생할 수 있는 비상상황에 대한 사전 협의가 필수로 수행되어야 한다. 긴박한 비상상황에서 운항 승무원과 객실 승무원의 신속한 상황 판단과 비상상황에 적절한 비상탈출 지휘는 많은 승객의 목숨을 안전하게 지킬 수 있는 가장 중요한 사항이다. 따라서 운항 승무원은 상황에 따라 어떠한 신호를 어떤 방식으로 부여할지를 객실 승무원과 공유해야 한다. 비상사태 시 사용하는 긴급신호, 비상신호는 위의 '비행 단계별 보고' 내용을 참고한다.

비행 중 비상사태가 발생하여 비상착륙을 시도하게 될 경우 비상착륙과 탈출을 하기 위한 준비 시간이 주어진다. 준비 시간이 짧은 경우와 충분한 경우에 따라 운항 승무원과 객실 승무원의 역할이 달라지며, 기장은 짧게나마 객실 사무장과 논의를 하게 된다. 하지만 비행기가 이륙하는 시점에서 항공기에 문제가 생겨 갑자기 멈추게 되는 상황이 발생했을 때 즉각적으로 승객의 탈출이 필요한 상황인지, 재이륙을 시도할 수 있는 상황인지 객실에서는 알 수가 없기 때문에 이러한 상황에 대비하여 합동 브리핑 시점에 이에 관련한 사항을 비상상황별로 논의하게 된다.

운항 승무원이 이런 상황에서 어떤 방송을 하게 되며, 그 방송에 따라 객실 승무원이 어떻게 대처해야 하는지는 아래 표를 참고한다.

비상사태 발생 시 승무원의 대처 내용

기장 방송	상황 판단	객실 승무원 수행 절차
"This is the captain." "Remain seated, remain seated."	비상탈출이 필요하지 않은 경우	각자 정위치에서 다음 임무를 대비한다.
"Attention, crew at station."	비상탈출이 예상되는 경우	각자 정위치에서 비상탈출을 대비한다.
"This is the captain, evacuate, evacuate."	비상탈출이 필요한 경우	승객의 비상탈출을 지휘한다.

03

승객 정보 공유
Sharing of Passenger Information

수행 준거

- 객실 서비스 및 안전 규정에 따라 승객 정보를 공유할 수 있다.

객실 사무장은 다음과 같은 승객의 정보를 동승 승무원과 공유해야 하며, 해당 승객에 대한 처리 절차를 숙지하여 상황별로 적절한 조치가 이루어지도록 해야 한다.

1. 제한 승객

제한 승객(Incapacitated Passenger)은 승객의 정신적 장애와 의학적인 비정상적 상태로 인해 일반 승객과 달리 비행 중이나 지상 이동 시 별도의 도움이 필요한 승객을 말한다. 제한 승객은 항공사 여건에 따라 탑승이 제한될 수도 있으며, 항공사별로 그 정의가 다를 수 있다. 일반적으로 제한 승객은 정신적, 신체적 장애로 인해 제3자의 도움 없이는 여행이 불가능한 환자 승객, 성인 동반자 없이 여행하는 유 · 소아 승객, 임신 32주 이상의 임산부로 의사 소견서가 요구되는 승객, 항공보안법에 따라 탑승을 거절할 수 있는 승객 등으로 구분된다.

제한 승객 유형

제한 승객 유형	내용
환자 승객	정신적 · 신체적 장애로 제3자의 도움 없이 여행이 불가능한 승객
비동반 소아 (Unaccompanied Minor, UM)	성인 동반자 없이 항공 여행을 하는 유 · 소아 승객
임산부	임신 32주 이상의 임산부일 경우에는 의사 소견서를 요구하는 항공사도 있음 ☞ 37주 이상일 경우 탑승이 거절될 수 있음
탑승 거절 승객	항공보안법에 따라 탑승 거절 대상 승객을 발견한 경우 기장에게 보고함

1) 환자 승객

항공기 이륙 전

항공기 이륙 전 환자 발생 시 기장에게 보고하여 필요한 조치를 한다. 제한 승객(Stretcher, Incubator 사용 승객과 의료진이나 의료장비의 도움이 필요한 승객)이 탑승할 경우 항공기 탑승 시점부터 도착지 공항에 도착할 때까지 승객 상태를 확인하고 정보를 공유한다.

비행 중

비행 중 환자가 발생한 경우 의료진의 도움이 필요한 응급환자이면 기장에게 상황을 보고하고 여러 가지 절차에 대해 협의한다. 환자의 생명에 영향을 미칠 정도의 위급한 상황이면 가까운 공항에 비상착륙할 수도 있다.

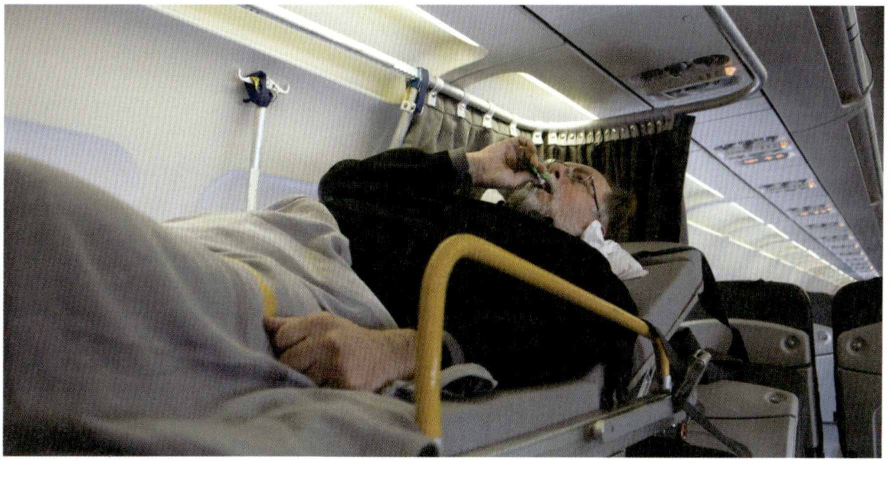

Melbye / iStock / Getty Images Plus

착륙 후

환자 상태에 따라 도착지 공항에 구급차 및 의료진을 대기시킬 수 있다.

2) 비동반 소아(Unaccompanied Minor, UM)

성인 동반자 없이 혼자 여행하는 어린이로 만 5세 이상부터 만 11세 이하(국내선은 만 13세 미만)의 어린이 승객이다.

☞ 해당 규정은 항공사마다 상이하다.

항공기 이륙 전

객실 사무장은 UM이 탑승하면 UM 전담 승무원에게 해당 승객을 인계하고 운송 직원으로부터 목적지 국가 입국에 필요한 서류와 여권이 든 UM Envelope을 전달받는다. UM이 기내로 가지고 들어온 가방의 개수를 지상 직원과 함께 확인한 후 서명한다.

비행 중

객실 승무원은 보호자 없이 혼자 비행기에 탑승하는 어린이의 불안한 마음을 잘 이해해야 하며, 탑승 시점부터 비행하는 동안과 하기할 때까지 세심한 관심과 도움을 주어야 한다. UM 담당 승무원은 UM의 비행 전반에 걸친 모든 사항

을 파악하고 해당 사항을 UM 편지지에 기재하여, 추후 보호자가 읽을 수 있도록 한다.

착륙 후

항공기가 목적지에 도착하면 객실 사무장은 도착지 운송 직원에게 UM을 인계하며 UM Envelope 안에 있는 서류와 짐의 개수를 다시 한번 확인한다.

3) 탑승 거절 승객

탑승 거절 승객은 비상구열 좌석 제한 지시를 거부하는 승객, 지상이나 기내에서 항공기 운항을 방해하는 승객, 탑승권을 미소지한 승객, 감염 위험 질병이 있는 승객, 37주 이상의 임산부 승객, 만취자 또는 정신 이상 승객, 승무원의 통제를 거부하는 승객 등이다. 승객 탑승 시점에 이러한 승객이 발견되면 즉시 보고 절차를 통해 비행 전 조치가 이루어지도록 해야 한다.

2. 기내 업무 방해 행위 승객

기내 업무 방해 행위는 승무원의 정당한 직무 집행을 방해하거나 승무원과 탑승객의 안전한 운항이나 여행을 위협하는 일체의 행위를 일컫는 것으로 항공보안법 제23조 등에서 명시하는 모든 행위를 포함한다. 승객의 위법 행위는 모든 항공편에서 '항공보안법'에 따라 적용되며, 탑승 승객은 '항공보안법'의 제반 규정을 준수해야 한다.

MediaProduction / E+ / Getty Images

기내 업무 방해 및 불법 행위

행위 유형

❶ 유형 1 (공격적이나 설득이 가능함, Complied)

- 종류: 항공기 지연 운항, Overbooking, 좌석 불만, 기내 판매 불만, 운송 직원/타 승객과의 문제 등
- 성격: 최초 불만 제기 및 명확한 사유 인지가 가능하며, 고성과 분노 표출이 있을 수 있고, 주로 항공사 조치에 관한 불만을 제기한다. 난동으로 연결되지 않도록 불만의 해결이 가능하며, 승객을 이해하여 불만 원인을 해결하는 것이 중요하다.

❷ 유형 2 (공격적이며 대화가 어려움, Does Not Comply)

- 종류: 전자기기 사용 규정 위반, 만취 난동, 흡연, 승객 간 싸움, 폭언, 성추행, 제반 규정 위반 행위 등
- 성격: 유형 1의 난동 행위가 지속되는 경우 또는 타 승객의 여행 및 승무원 업무를 방해하고 위협을 가하는 경우에 해당하며, 승무원 개입 부재 시 난동 행위로 발전할 가능성이 농후하다.

❸ 유형 3 (범법적 성격이 농후함, Criminal Offense)

- 종류: 승객/승무원의 신체적 상해 행위, 심각한 위협 행위, 당사 Property 파괴 행위(기내 설비, 시스템 등), 허가 없이 기내 반입 무기류를 휴대한 경우
- 성격: 유형 2의 난동 행위가 지속되는 경우 또는 안전 운항 및 승객/승무원의 안전을 심각하게 위협하는 경우에 해당하며, 범죄적 성격이 강하다.

행위 발생 시 객실 승무원의 대응 절차

- Level 1: 설득과 요청
- Level 2: 구두 경고 또는 경고장 제시
  ☞ 기내 업무 방해 행위 발생 보고서 'In-flight Disturbance Report'를 작성하여 기장의 서명을 받는다.
- Level 3: 강력 대응
  ☞ 기장과 협의하여 승객을 구금 조치하거나 도착지 공항에 경찰 대기를 요청한다.

관련 서류

- 진술서: 불법 방해 행위 승객을 국내 공항 경찰에 인계할 때 항공기 내 보안 요원이 피해 내용 및 경위 등을 포함하여 작성한다. 목격자가 있는 경우 동일 양식(진술서)을 활용하여 작성한다.
- In-Flight Disturbance Report: 불법 방해 행위 승객을 해외 공항 경찰에 인계할 때 항공기 내 보안 요원이 작성하는 것으로서 진술서의 영문 Version이다.
- Witness Report: 불법 방해 행위 승객을 해외 공항 경찰에 인계할 때 목격자가 작성한다.
- 현행 범인 체포서: 방해 행위 승객을 체포 및 구금 조치 등의 물리적인 방법으로 속박한 경우 항공기 내 보안 요원이 작성한다. 이때 '체포 시 고지사항 Sample'을 활용하여 피의 사실의 요지, 체포 이유와 변호인을 선임할 수 있음을 고지하고, 변명 기회를 준 후 피체포자로부터 '확인서'를 받아야 한다. 작성 후 SafeNet 보고서에 첨부해야 한다.
- 확인서: 불법 방해 행위 승객을 체포 및 구금 조치 등의 물리적인 방법으로 속박한 경우 불법 방해 행위 승객이 작성한다. 피체포자가 작성을 거부하거나 작성하기가 불가한 경우, 항공기 내 보안 요원이 대신 작성할 수 있다. 작성 후 SafeNet 보고서에 첨부해야 한다.

3. DEPO/INAD

DEPO(추방자)는 합법 또는 불법으로 입국했다가 일정 기간이 경과한 후 주재국의 관계 당국에 의해 강제 추방 명령을 받은 승객이다. INAD(입국 거절)은 여권 유효기간 경과, 사증 미소지 또는 사증 목적 외 입국 시도 등 입국 자격의 결격 사유로 인하여 경유지나 여행 목적지에서 통과 상륙이나 입국이 거절된 승객이다.

추방을 명령한 국가의 지점장은 해당 승객이 탑승하는 편명의 객실 사무장에게 DEPO 사실을 알리고 해당 승객을 직접 인계한다. 해당 승객을 인계할 때는 여권과 탑승권을 포함한 모든 서류를 지점장이 객실 사무장에게 직접 인계하고 비행 중에도 객실 사무장이 별도로 보관했다가 목적지 공항에 도착한 후 해당 승객과 함께 도착지 공항의 지상 직원에게 인계해야 한다.

DEPO 및 INAD 승객 서류는 다음과 같다.

- DEPO 승객의 여권
- 추방 명령을 내린 관계 당국의 추방 명령서(입수 가능 시)
- DEPO의 성명과 좌석번호가 명시된 SHR
- Credit Agreement 및 Invoice Copy(DEPO의 복편 항공권을 항공사가 지불한 경우)

4. 호송 죄수

호송 대상자 1명당 2명 이상의 호송관이 동승해야 한다. 단, 비행시간이 4시간 이하이면서 호송 대상자가 강력 범죄자가 아닌 경우에는 호송관이 1명만 동승할 수도 있다.

5. VIP, CIP

VIP, CIP 탑승 여부와 비행 전후 사항을 기장에게 보고한다.

Brostock / Shutterstock.com

6. 불만 승객

불만 승객에 대한 정보 공유를 통하여 불만을 최소화한다.

7. 기타 승객

기내식 미취식 승객, 면세품 주문 승객, 기내 좌석이나 설비 고장으로 불편을 겪는 승객, 유아 동반 승객, 장애인 승객 등 갤리 브리핑을 통해 정보를 공유하고 필요 사항을 조치한다.

C.R.M의 등장 배경과 개념

항공기는 가장 안전하고 빠른 수단으로 인정받고 있으며, 항공기 안전도를 높이기 위한 기술적인 발전은 실로 경이적인 수준에 이르렀다. 이러한 기술적인 부문의 괄목할 만한 향상에도 불구하고 항공기 사고 발생률은 별다른 변화가 없었다. 1979년 6월에 샌프란시스코에서 열린 NASA(미 항공우주국) 주최 워크숍의 사고 조사 분석 결과, 전체 사고의 60~70%가 잘못된 의사결정, 비효율적인 의사소통, 적절치 못한 리더십 등의 인적 과실에 기인한다는 사실이 밝혀져 인적 요인(Human Factor)의 중요성이 부각되기 시작했다.

항공기 사고 발생의 주된 요인이 되고 있는 인적 과실(Human Error)은 인간과 환경의 상호작용을 뜻하는 인적 요인에서 비롯된다. 이 같은 사실에 주목하여 FAA(미 연방항공연맹)와 NASA에서는 안전 운항에 관계된 인적 과실 방지와 제고를 위한 방법을 연구하게 되었으며, 그 연구 결과로 C.R.M(Cockpit Resource Management)이 인적 과실 방지 교육의 방법으로 제시되었다.

C.R.M은 초기에는 운항 승무원(Cockpit Crew) 중심 교육으로 실시되었으나, 이후 객실 승무원을 포함하여 교육 범위가 확대되었으며, 추후 인적 요인의 관련 범위 확대와 더불어 항공기 운항에 관련한 관제사, 정비사, 운항 관리사 등 다양한 관계자까지 아우르는 폭넓은 안전 관리 개념으로 자리 잡게 되었다. 운항 안전은 단지 운항 승무원에게만 책임이 있는 것이 아니라, 객실 승무원에게도 객실 안전만이 아니라 객실 안전을 포함하여 비행 안전에 대한 역할과 책임이 주어진다는 사실을 깨달아야 한다.

M101Studio / Shutterstock.com

C.R.M 개념의 확대는 안전하고 효율적인 운항을 위해 객실 승무원과 운항 승무원의 협력(Crew Coordination)과 원활한 의사소통(Crew Communication)을 요구하고 있다. 아울러 상호협력과 의사소통은 객실 승무원과 운항 승무원을 하나로 묶는 팀(Team)이라는 틀 속에서 팀워크(Teamwork)에 의해 실천되어야 한다.

잠깐! 점검해 볼까요?

01 객실 상황 전달

1. 객실 보고 기준을 정리해 보시오.

2. 다섯 가지 비행 단계별 보고 내용을 정리해 보시오.

02 운항 정보 공유

1. 합동 브리핑 시 운항 승무원이 객실 승무원과 공유해야 할 내용에는 어떤 것이 있는가?

2. 비상사태 시 사용하는 긴급신호, 비상신호를 설명해 보시오.

03 승객 정보 공유

1. 객실 사무장이 동승 승무원과 공유해야 하는 승객 유형을 정리해 보시오.

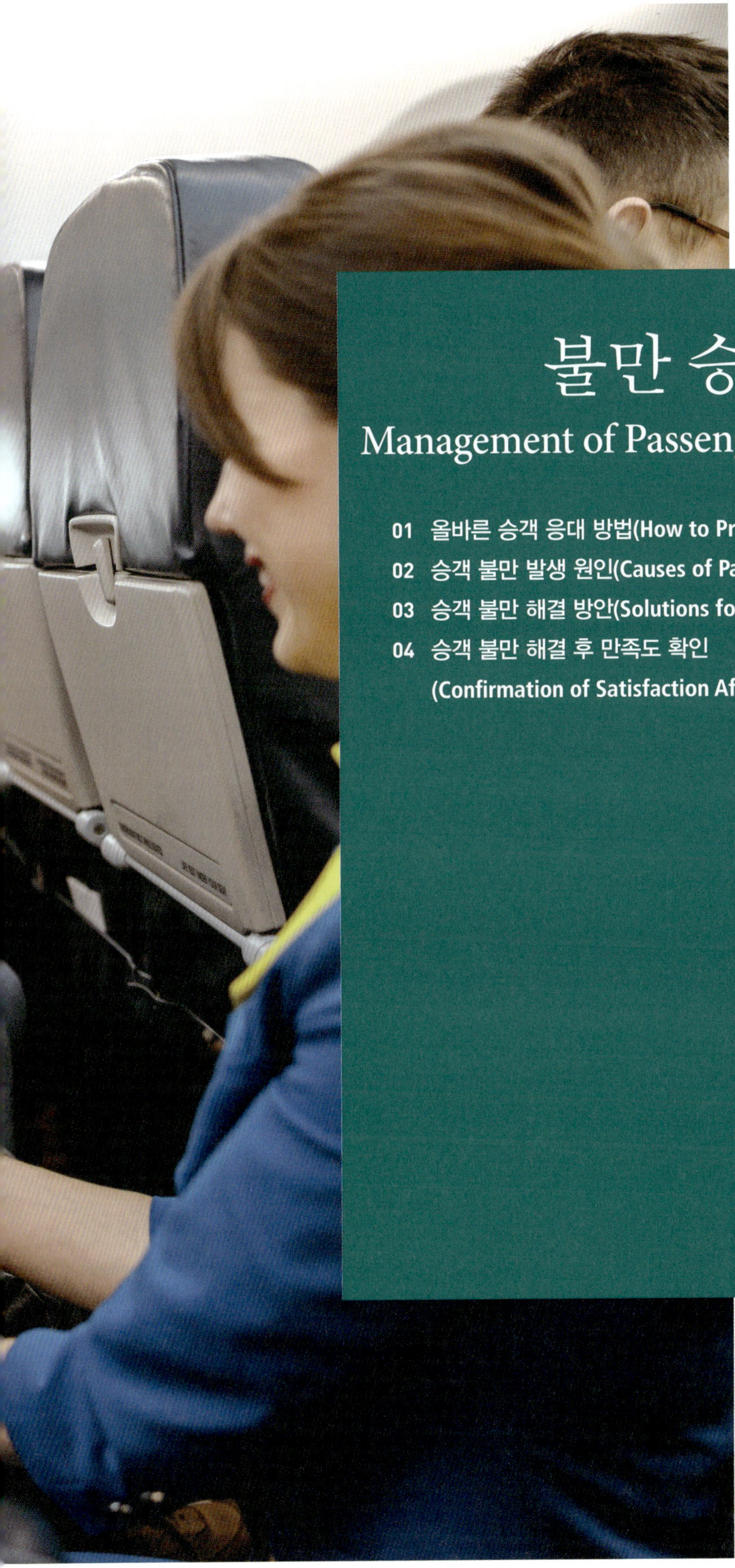

4 불만 승객 관리하기
Management of Passengers with Complaints

01 올바른 승객 응대 방법(How to Properly Respond to Passengers)
02 승객 불만 발생 원인(Causes of Passengers' Complaints)
03 승객 불만 해결 방안(Solutions for Passengers' Complaints)
04 승객 불만 해결 후 만족도 확인
(Confirmation of Satisfaction After Dealing with Complaints)

01

올바른 승객 응대 방법

How to Properly Respond to Passengers

수행 준거

- 객실 서비스 및 객실 안전 규정에 따라 불만 상황에 대한 원인을 파악할 수 있다.
- 객실 서비스 및 객실 안전 규정에 따라 경청한 후 불만에 대한 해결 방안을 모색할 수 있다.
- 객실 서비스 및 객실 안전 규정에 따라 해결 방안에 대한 구체적인 행동을 보여 줄 수 있다.
- 객실 서비스 및 객실 안전 규정에 따라 해당 승객에 대한 만족도를 재확인할 수 있다.

1. 대화 예절

예절의 실제는 마음속에 있고 그 마음을 상대방에게 인식시키는 첫 번째 방법이 말을 이용한 대화이다. 대화 시에는 우리가 전하려는 의사를 승객에게 정확히 이해시킴은 물론 그 과정을 통해 친절함과 공손함도 동시에 전달해야 한다.

1) 화자의 기본 예절

- 대화 상대에 맞게 말씨를 정한다.
- 감정을 평온하게, 표정은 부드럽게 한다.
- 자세를 바르게 한다.
- 상대방에게 맞는 화제를 고른다.
- 조용한 어조, 명확한 발음, 적당한 속도로 말한다.
- 듣는 사람의 반응을 살핀다.
- 다른 사람이 이야기하는 중에 끼어들지 않는다.
- 말은 상대에게 양해를 구한 후 시작하고 끝맺음은 요령 있고 분명하게 한다.

2) 청자의 기본 예절

- 상대방을 정면으로 바라본다.
- 상대방의 말에 반응을 보인다.
- 의문이 있으면 상대방의 말이 끝난 뒤에 묻는다.
- 상대방과 Eye Contact를 한다.

주요 접객 용어

손님, 저, 저희들 / 무엇을 도와드릴까요 / 어서 오십시오 / 잘 알겠습니다
죄송합니다 / 알아보겠습니다 / 실례합니다 / 기다리셨습니다 / 부르셨습니까

3) 경어 사용법

- 반말, 반토막 말 사용을 지양한다.
- 성의 있고 예의 바른 단어를 사용해 적절한 어조로 응대한다.
- 비언어적 요소인 정중한 자세와 동작이 경어 사용의 효과를 높일 수 있다.

4) 올바른 호칭 사용법

- 승객을 부를 때 원칙적으로는 이름을 불러서는 안 되며, 적절한 호칭을 사용해야 한다.
- 직함을 알면 이름에 붙여 사용하며, 보편적으로 '성 + 직함 + 님'이라고 호칭하는 것이 무난하다.
- 서비스 중 호칭이 계속 반복되면 성은 생략해도 무방하다.
- 기내에서 적당한 호칭을 사용할 수 없을 때, 외국인에게는 'Sir', 'ma'am'이 무난하고 내국인에게는 '손님', '사모님' 등의 호칭을 사용한다.
- 승객에게 서비스할 때는 정중하고 예의 바른 어조를 유지하는 것이 중요하다.
- 사전 정보가 없거나, SHR상에 직위에 대한 기록 누락 등으로 직함 사용이 어려운 경우, 적극적인 Personal Touch를 통해 직위를 알 수 있다.

2. 승객 응대의 기본

객실 승무원과 승객의 만남은 개인과 개인의 만남이 아니라 회사와 개인의 만남이므로 대단히 중요한 의미가 있으며, 친절하고 세련된 승객 응대는 회사를 찾는 승객에게 회사에 대한 좋은 인상을 심어 준다.

객실 승무원에게 있어서 표정, 태도, 용모/복장, 말씨 등은 회사 이미지를 대표하므로 승객을 응대할 때 가장 기본적으로 갖추어야 할 요소라고 할 수 있다. 즉, 승객 응대 시에는 단정한 용모에 아름다운 매너와 자세, 적극적인 마음가짐, 친절한 말씨 등이 바탕이 되어야 한다.

1) 용모

- 세련되고 자연스러운 화장
- 청결하고 잘 정리된 머리
- 깨끗하고 단정한 유니폼
- 잘 닦인 구두

2) 자세

- 예의 바르고 스마트한 동작
- 친근하고 부드러운 제스처
- 진실한 마음이 담긴 자세
- 신체의 자세는 곧 마음의 자세

3) 표정

- 밝고 자연스러운 표정
- 호감을 주는 온화한 표정
- 미소는 외모보다 더 효과적인 표정

4) 시선

- 명랑한 모습과 함께 안정된 시선
- 표정이 풍부한 시선
- 곁눈질하지 않는 바른 시선

5) 말씨

- 예의 바른 말씨
- 경어 사용
- 정확하고 간결한 응대

3. 객실 승무원의 승객 응대 매너

승객에게 무관심한 모습을 보이지 않는다

승객의 요구에 적극적으로 대응하며 하던 일이 있더라도 일을 멈추고 즉시 다가가서 그 용건을 주의 깊게 들어주는 태도를 취한다.

승객을 기다리게 할 때는 양해를 구한다

어쩔 수 없이 승객을 기다리게 할 경우 양해를 구하고 기다리는 시간이 다소 길어지면 중간에 이유와 상황을 설명한다.

동료와의 사담, 다른 승객에 대한 비평을 하지 않는다

승객을 응대하는 중 동료들과 사담을 나누면 그 승객에게 좋지 않은 인상을 주게 된다. 다른 승객에 대한 말을 하게 될 경우에도 승객은 그 승객과 똑같은 입장이 되어 불쾌하게 생각할 것이다.

승객과 논쟁하지 않는다

승객이 잘못하여 실수를 하거나 정도가 지나친 태도를 보여도 인내심을 가지고 감정을 통제하여 차분하게 응대하는 자세를 보인다.

자신의 업무와 무관하므로 모르는 것이 당연하다는 표정을 짓지 않는다

자신이 모르는 내용에 대한 질문을 받을 경우 '모르겠습니다'라는 말로 끝내지 않고 '곧 알아보겠습니다' 또는 '죄송합니다만, 곧 알려드리겠습니다' 등의 말을 하여 끝까지 응대하려는 적극적인 자세를 보인다.

바쁜 때도 어수선한 모습을 보이지 않는다

흔히 일에 쫓길 때는 여유가 없어 보이고 정중하게 응대하기가 쉽지 않다. 이 경우에는 자신을 통제하며 승객의 입장에서 판단하여 처신하려고 노력한다.

몸가짐을 단정히 한다

기내에서의 복장, 화장, 장신구 등은 지나치지 않게 해야 하며 무엇보다 청결하고 단정한 인상을 주어야 한다.

4. 승객 응대 시 대화 포인트

'No'라고 말하지 않는다

승객이 원하는 것은 대부분 자신에게 지극히 필요한 사항들이다. 객실 승무원은 가능한 한 모든 수단과 방법을 동원하여 승객이 원하는 것을 이루도록 도와야 한다. 비록 불가능한 일일지라도 최선을 다하는 모습을 보여 주는 것이 중요하다.

부정적 표현은 의뢰형으로 바꾼다

부정적 표현은 승객의 감정을 쉽게 상하게 한다. 객실 승무원은 금지, 부정, 거절의 표현을 삼가고 가능한 한 의뢰형의 정중한 표현을 사용해야 한다.

승객 수준에 맞는 표현을 사용한다

승객의 나이, 성향 등을 파악하여 그 승객에게 맞는 적절한 언어를 사용해야 한다. 승객이 이해하기 어려운 용어를 사용한다든지 격에 맞지 않는 표현을 쓰는 일은 실례가 되므로 가급적 상대의 수준에 맞게 표현한다.

외국어, 전문용어는 가급적 사용하지 않는다

승무원 간에 사용하는 외국어나 전문용어는 승객이 이해하기 어렵고 거북한 느낌을 주게 된다. 승객과의 대화가 중요한 서비스의 한 부분임을 감안하여 부적절한 용어 사용은 피해야 한다.

알아듣기 쉬운 속도와 적절한 어조로 이야기한다

상대방이 말을 알아듣는 데 부담을 느껴서는 안 된다. 항상 승객이 편안한 기분으로 이야기를 들을 수 있도록 말의 속도와 어조를 적절히 조절해야 한다.

승객의 말을 경청하고 정확히 이해하는 센스를 기른다

승객의 이야기를 잘 들은 후 '자신이 해야 할 일이 무엇이며, 어떤 방법으로 해야 하는지'를 잘 판단해야 한다. 대화는 상대의 말을 얼마나 이해하느냐에 따라 그 효과가 달라진다.

승객이 말한 내용은 반드시 재확인한다

승객이 원하는 요구사항이 무엇인지 정확히 파악하지 못한 경우 정중하게 되물어 확인하는 것이 중요하다. 또 요구사항을 메모하여 복창함으로써 고객에게 신뢰감을 주도록 한다.

5. 유형별 승객 응대 요령

승객은 그 유형이 매우 다양하며 모두가 특별한 대우를 받고 싶어한다. 그러므로 승객은 모두 그 특성에 맞게 응대해야 한다.

1) 성급한 승객

전형적인 예는 식사 서비스가 조금만 늦어도 빨리 달라고 재촉하는 승객이다. 요구사항에 대한 응대가 즉각적으로 이루어지지 않을 경우, 승객이 독촉할 때 '아마 곧 갖다 드릴 겁니다' 또는 '저는 잘 모르겠습니다만' 등의 불분명한 대답은 승객의 신경을 더욱 곤두서게 할 뿐이다. '곧 갖다 드리겠습니다' 같은 신속하고 명확한 대답으로 응대해야 한다.

분명하고 빠른 응대로 대답을 명확하게 하고 신속하게 행동한다.

2) 까다로운 승객

"잠시만 기다리라고 하더니 벌써 5분이나 지났잖아요?" "도대체 비행기에 담요 여분이 하나도 없다니" "이 비행기는 왜 이렇게 시끄럽지?" 등의 불평, 불만이 많고 말 꼬투리를 자주 잡는 승객에게는 이야기를 경청하며 의견을 존중하고 설득해 가는 방법이 효과적이다.

미소를 지으며 성의 있는 태도로 승객의 말을 경청하고 상냥한 말투로 응대한다.

3) 거만 과시형 승객

자기 자랑이 심하고 과시하길 좋아하는 승객, 툭하면 "사무장 불러와!"라고 말하는 승객이다. 이 유형의 승객은 되도록 자존심을 건드리지 않고 정중하게 대하는 것이 좋다. 그러나 의외로 일단 호감을 얻게 되면 응대가 쉬워진다.

정중한 자세로 승객의 말을 존중하며 경청한다. 무시나 부인은 금물이다.

4) 명랑 쾌활한 승객

싹싹하고 쾌활해서 상대하기 쉽지만, 그렇다고 마음을 놓아서는 안 된다. 친근하게 대하면 '사람 우습게 보는데?'하고 생각할 수도 있다. 일을 처리함에 있어서는 'Yes'와 'No'를 분명히 하는 것이 좋으며 상대가 쾌활하다고 해서 자신의 위치를 망각하거나 자칫 예의에서 벗어나는 언행을 하지 않도록 주의한다.

빈틈없이 예의를 갖춰 대하고 '예' '아니오'를 분명히 한다.

5) 온순 과묵형 승객

이 유형의 승객은 속마음을 헤아리기가 어렵다. 불만스러운 것이 있어도 내색을 잘 하지 않으므로 말이 없다고 해서 흡족해하는 것으로 생각해서는 안 된다. 저자세지만 속으로는 날카롭게 관찰하고 있을 수도 있으므로 예의 바르게 응대한다.

친근하게 다가가 대화를 시도한다.

6) 호기심이 많은 승객

항공기에 호기심이 많고 기내 설비를 비롯한 기내용품, 면세품 등에 관해 여러 가지 질문을 하는 승객이다. 이 유형의 승객은 자신 있고 명확한 대답을 원한다. 시원한 대답을 들려주지 않으면 질문 공세로 곤란을 겪게 된다. 자신이 없으면 명확한 자료를 직접 찾아드린다.

확신에 찬 자신감 있는 태도로 분명하게 대답하여 궁금증을 해소시킨다.

7) 어린이 동반 승객

어린이 동반 승객은 어린이에 대한 관심을 자신에 대한 관심으로 여긴다. 어린이의 성격과 특징을 파악하여 적절하게 칭찬하고 관심사에 귀 기울여 주는 것이 중요하다. Give Away나 음료 등을 제공하며 친밀해지는 것도 좋은 방법이다.

관심과 찬사를 보내 친밀감을 형성한다.

02

승객 불만 발생 원인

Causes of Passengers' Complaints

1. 불만 승객

불만 승객은 불평, 불만이 많은 사람이 아니라 조직을 상대로 불만을 표현하고 해결을 요구하는 승객이며, 조직의 발전과 미래의 원동력이 된다. 불평하는 승객은 아직도 고객으로서의 미련이 남아 있으므로 유지 가능성이 있다.

대부분의 승객 불만은 서비스와 관련된다. 물론 서비스 외에 시스템이나 인간의 힘으로 도저히 어쩔 수 없는 자연재해 등의 외부 요인도 있다. 하지만 반드시 기억해야 할 것은 우리의 실수이건 다른 요인에 의한 것이건 승객의 불만

leminuit / iStock / Getty Images Plus

에 정면으로 대처하고 해결책을 강구하여 고객 만족을 이끌어 내는 것, 이것이 바로 서비스인인 우리의 역할이라는 점이다.

대부분의 승객은 어느 정도 합리적인 근거를 가지고 불만을 제기하게 되는데, 이때 이를 무시하거나 외면하지 않고 적극적으로 성실히 대처한다면 오히려 승객은 더욱 만족하고 단골 고객이 되는 중요한 전환점을 맞이할 수도 있다. 고객은 항의할 권리가 있음을 항상 기억해야 한다. 또 불평하는 고객이 있다는 것은 개선을 위한 또 다른 기회가 된다는 점을 유념한다. 승객의 불평은 곧 역전의 기회이다.

2. 승객 불만의 발생 요인

승객 불만은 제공된 서비스가 승객의 기대 수준보다 더 낮을 때 발생한다.

1) 인적 요인에 의한 승객 불만

- 승무원의 용모, 복장이 불결할 때
- 인사가 불친절할 때
- 약속을 지키지 않을 때
- 직원이 무표정하게 반응하거나 잡담할 때
- 기내식, 음료가 부족할 때
- 기내식에서 이물질이 나왔을 때
- 책임을 전가하거나 단정적으로 거절할 때
- 불친절하고 무례한 태도를 보일 때
- 서비스가 누락되거나 시간이 지연될 때
- 승무원 호출 후 응대가 지연될 때
- 화장실이 청결하지 않을 때

• 업무 지식 부족으로 안내를 잘 못할 때
• 대화 시 무성의한 태도와 말투로 응대할 때
• 업무 처리가 미숙할 때
• 기내 수하물 처리 관련 사항
• 탑승 시 좌석 안내 관련 사항

2) 안전, 설비 요인에 의한 승객 불만

• 비정상 운항, 항공기 지연, 결항, 회항 시
• 안내 방송 미실시
• 항공기 내 기름 냄새 유입
• 좌석 등 기내 설비 고장, 기체 결함
• 지연, 방송 미실시
• 난기류(Turbulence)
• 승객의 기내 소란 행위, 흡연 등
• 하드 랜딩(Hard Landing)
• 하기 지연

innovatedcaptures / iStock / Getty Images Plus

3. 불만 승객의 일반 특성

- 자기 과시가 심하다.
- 서비스 태도와 내용에 대해 민감하다.
- 성격이 급하다.
- 다소 신경질적이다.
- 대체로 항공 여행 경험이 많다.
- 불만을 밖으로 표출하지 않는 승객은 더욱 위험하다.

4. 불만 승객의 중요성

1) 문제점의 조기 파악과 해결

승객의 불만은 항공사 서비스의 문제점을 조기에 발견하여 그 문제가 확산되기 전에 해결할 수 있는 기회이기도 하다. 또 항공사가 미처 생각하지 못한 부분에 대해 정보를 주기 때문에 승객 불만사항을 잘 분석하고 반영하면 기업에 아주 중요한 성장 포인트가 될 수 있다. 승객이 어떤 부분에서 불편을 느꼈는지, 개선할 점이 무엇인지 말해 준다면 그보다 다행스러운 일은 없을 것이다. 그런 이야기를 해 준다는 것 자체가 항공사에 대한 관심과 애정이 있다는 것을 뜻하기 때문이다.

고객이 불만을 말하지 않는 이유

- 귀찮다.
- 어디에 말해야 할지 모르겠다.
- 이야기해 봐야 소용이 없을 것 같다.
- 시간과 수고 낭비이다.
- 차라리 한번 손해 보고 앞으로 거래를 끊으면 된다.
- 시간이 지나고 말하려니 증거를 제시하기가 모호하다.
- 불쾌한 일은 빨리 잊고 싶다.
- 특정 승무원을 비난하기 싫다.
- 불만을 말하면 불이익이 올지 모른다.
- 까다로운 사람이라는 이미지를 주기 싫다.

출처: 고객서비스실무(박혜정, 백산출판사)

그러나 대부분의 사람에게는 서비스에 불만을 느끼면 이를 회사에 말하기보다 다른 경쟁사를 찾는 고객 심리가 있다. 따라서 숨겨져 있는 승객의 애로사항을 놓치지 않도록 많은 노력을 기울여야 한다. 승객의 말투나 표정을 읽을 수 있어야 하며, 승객이 잠깐씩 내비치는 고민을 알아차리고 파악할 필요가 있다. 객실 승무원은 승객의 말이나 행동을 승객 입장에서 생각해 보고 이해하여 승객이 현재 어떤 점에서 불만족하고 불편을 느끼는지 판단할 수 있어야 한다.

2) 고객 유지율 증가

공정거래위원회의 연구 결과에 의하면, 물건이나 서비스에 대해 제기한 불평이 만족스럽게 처리되면 그중 75%의 사람이 그 회사의 제품을 다시 구매한다. 그리고 불평이 제대로 처리되지 않으면 50%의 사람이 그 회사의 제품을 구매한다. 즉, 불평이 만족스럽게 해결되지 않은 경우라 할지라도 불평하는 사람이 불평하지 않는 사람보다 반복 구매 경향이 훨씬 더 높다는 것이다. 이는 미국 TARP(Technical Assistance Research Program) 보고서의 내용으로도 증명된다. 이 연구에 의하면 고객의 불평을 만족스럽게 처리한 데서 오는 평균이익 증가율은 100~170%에 달하는 반면, 새로운 고객을 끌어들이는 데는 기존 고객을 유지하는 것보다 5배 정도 비용이 더 든다고 한다.

3) 부정적 구전 효과 최소화

서비스에 불만족한 고객은 주위의 친구, 이웃, 친지 등에게 자신의 불만족스러운 경험에 대해 이야기한다. 특히 요즘은 SNS의 발달로 구전 효과의 파급력이 예전보다 훨씬 더 강하다. 어떤 물건을 사려 할 때 혹은 어떤 식당에 가려 할 때 아는 사람에게서 '그 가게는 비싸다' '서비스가 별로다' '맛이 없다' 등의 부정적인 평가를 들으면 다른 것을 사거나 다른 곳을 방문한 경험이 누구에게나 있을 것이다. 부정적인 구전 효과가 무서운 이유는 사람들은 좋은 경험보다 나쁜 경험에 대해 더 많은 이야기를 하는 경향이 있기 때문이다. 또 나쁜 소식은 쉽게 사라지지 않는다.

고객 불만의 확산 경로

고객 불만이 차후 기업에 미치는 영향은 와튼 스쿨이 미국 소비자에게 실시한 '2006 불만 고객 연구 보고서'에 잘 나타난다. 이 보고서에 의하면, 불만족한 고객 100명 중 32~36명이 매장을 재방문하지 않고, 기업에 직접 항의한 고객은 단 6%였다. 반면에 친구, 가족, 지인 등에게 불만을 적극적으로 토로한 고객은 31%나 되며, 31% 고객 중 8%가 2명에게, 78%가 3~5명에게, 6%가 6명 이상에게 험담을 전파했다. 결과적으로 불만 고객 100명 중 31명이 최소 90명에게 불만을 전파한 것이다. 요즘은 인터넷과 SNS의 확산으로 인해 구전 효과의 파급력이 과거보다 훨씬 더 강할 것으로 예측되므로 고객 불만 관리가 더욱 중요하다 하겠다.

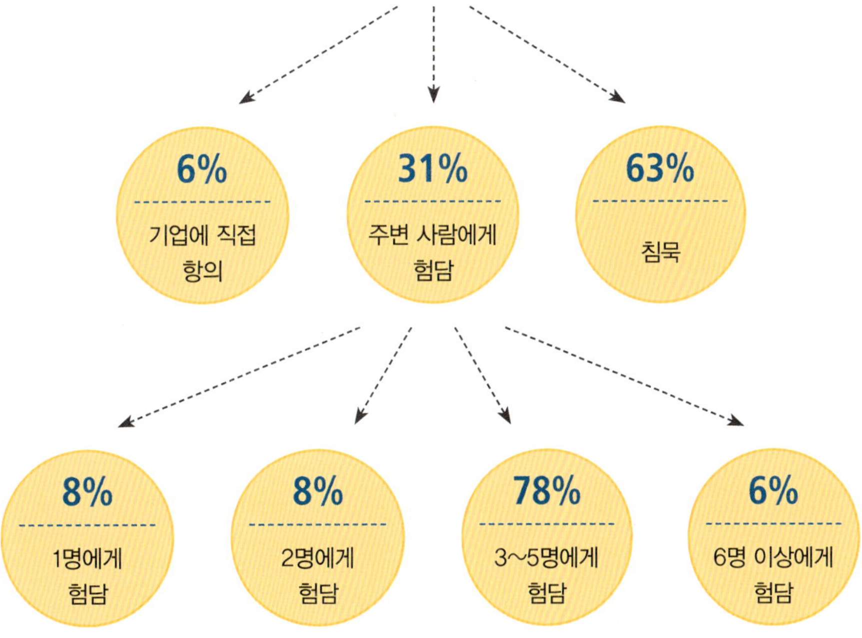

출처: 미국 와튼 스쿨(불만 고객 연구 보고서)

03

승객 불만 해결 방안

Solutions for Passengers' Complaints

1. 불만 승객 응대 요령

불만을 제기하는 승객에게는 승객의 불평, 건의, 항의 내용 등을 처음부터 끝까지 경청하고 이를 적극적으로 해결하도록 노력하는 것이 무엇보다 중요하다. 설사 해결하기 어려운 사안이더라도 승객의 마음을 이해하고 노력하는 모습을 보인다면 불만 승객은 마음이 한층 누그러질 것이다.

승객과의 논쟁은 절대 금물이다. 승객의 주장이 틀렸더라도 인내하며 경청하고 온화하게 대화한다. 또 답변할 때는 변명이 아닌 설명을 하도록 한다. 이때 가르치듯 말하지 않도록 주의한다. 예민해진 승객의 화를 더욱 돋울 수 있다. 그리고 사과할 때는 사무적인 사과가 되지 않도록 정중히 한다.

해당 사안이 승객의 부주의로 인한 것이더라도 승객을 탓하지 않는다. 자신의 민망함을 불만으로 표현하기도 하기 때문에 불만 승객을 이해하고 승객의 말에 귀 기울이는 태도를 보이는 것이 소모적인 언쟁을 피하는 방법이다. 아무리 화가 나더라도 승객을 협박하지 않으며 무례하게 충고하지 않는다. 승객에게 책임질 수 없는 말도 해서는 안 된다.

승객 불만 발생 시 담당 승무원이 일차적으로 해결한 후 객실 사무장에게 보고하며, 객실 사무장은 비행 종료 시까지 승객의 불만을 최대한 해결한다. 추후 객실 사무장은 필요 시 기장에게 상황을 전달한다. 비행 종료 후 승객과 연관된 불만, 제언 및 비정상 상황을 회사에 보고한다.

◆ 1단계: 경청한다

- 승객의 항의에 겸허하고 공손한 자세로 인내심을 갖고 끝까지 경청한다.

- 승객 자신이 스스로 불만을 모두 말할 수 있도록 한다. 승객의 불평을 끝까지 충실히 들어주는 것만으로도 불만의 상당부분이 해소될 수 있다.
- 승객의 불만을 객실 승무원 자신의 개인에 대한 불만으로 생각하지 않는다. 사람에게 초점을 맞추지 않고, 문제 자체에 초점을 맞춘다. 회사나 회사 시스템에 항의하는 것이라고 생각해야 승객의 과격한 분노 표출로부터 자유로울 수 있다.
- 선입견을 버리고 승객의 입장에서 생각하여 문제를 파악한다.
- 승객의 자극적인 말이나 도전적인 태도에 휘말리지 않도록 중심을 잡고, 승객으로 인해 힘이 빠져도 자신의 회사, 동료, 서비스, 시스템 등에 대한 혹평에 동의하거나 가담하지 않고 긍정적 태도를 견지한다.
- 의식적으로 혹은 무의식적으로 표현하는 승무원 자신의 표정과 행동에 유의한다. 자기 감정을 다스려 불쾌하거나 짜증스러운 표현이 드러나지 않도록 냉정하고 침착하게 처신한다. 서비스맨은 사람과의 만남에서 오는 부담감을 극복하고 자신의 감정까지도 통제할 수 있어야 한다. 바로 이 점이 프로와 아마추어의 차이일 것이다.
- 승객과의 언쟁을 삼간다. 승객과의 논쟁은 문제를 해결하는 것이 아니라 문제를 일으킬 뿐이다.
- 승객의 불만을 정확하게 이해했는지 다시 한번 확인하고, 승객의 감정 상태와 화가 난 이유를 인지한다.
- 승객과의 커뮤니케이션에 무리가 있다고 판단될 때는 대화를 중단하고 주위의 선배나 상사에게 도움을 청한다.

◆ 2단계: 승객에게 공감하고 감사 인사를 한다

- 공감이란 승객의 문제를 내 문제처럼 생각하여 승객의 감정을 이해하고 받아들이겠다는 뜻을 보이는 것이다. 승객의 항의에 공감하고 있음을 적극적으로 표현하며, 승객의 심정(분노, 실망)이 충분히 이해됨을 인정한다. 항의하는 승객에게 "그건 우리 잘못도 아닌데 왜 우리에게 화를 내세요?"라고 응대하는 것은 옳지 않다.
- "예. 무슨 말씀이신지 잘 알겠습니다" "정말 속상하셨겠습니다" "어떤 기분이신지 충분히 이해됩니다" "제가 같은 일을 당했다면 저 역시 화가 났을 겁니다. 불편을 끼쳐드려 정말 죄송합니다"라고 말하는 것이 바람직하다.

- 감정이입을 통해 상대를 이해하고 배려하는 마음을 보이는 것은 모든 서비스 응대의 기본이다. 이때 긍정적인 비언어적 신호를 활용한다.
- 불만사항에 따라 필요하다면, 일부러 시간을 내 승객을 찾아가서 그 문제점을 지적하여 개선할 기회를 준 것에 감사를 표한다.

◆ 3단계: 진심 어린 사과를 한다

- 승객의 의견을 경청한 후 그 문제점을 인정하고 잘못된 부분에 대해 당사자가 재빨리 정중하게 사과한다. 매 순간 진심으로 최선을 다해 응대하는 것이 가장 중요하다.
- 승객의 의견을 무시하는 괜한 변명은 오히려 화를 자초하며 잘못을 솔직히 인정하고 이해와 용서를 바라는 것이 문제 해결의 지름길이다.
- 혹여 승객에게 잘못이 있다고 하더라도 객실 승무원의 역할은 승객에게 책임을 묻는 것이 아니라는 점을 알아야 한다.
- 진심 어린 사과는 오히려 승객의 마음을 가라앉히고 호감을 갖게 하는 반전이 될 수 있으나, 사과 없는 변명은 승객을 더욱 불쾌하게 할 수 있다.
- 분위기를 자연스럽게 이끌어 상황을 진정시킨다. 서 있는 경우 앉을 자리를 권하거나 사람이 많은 경우 장소를 옮긴다. 화가 난 승객을 응대할 때는 승객이 스스로 감정을 조절하도록 유도한다.

◆ 4단계: 설명하고 해결을 약속한다

- 불만사항에 관심과 공감을 보이며 승객이 납득할 해결 방안을 제시하고, 문제를 시정하기 위해 어떤 조치를 취할 것인지 설명하며 해결을 약속한다.
- 객실 승무원 자신과 관련 없는 사항이더라도 마찬가지이다. 승객에게는 불만사항의 담당자가 누구인지가 중요한 것이 아니라 이 문제를 해결해 줄 것인지 아닌지가 더 중요함을 명심한다.

◆ 5단계: 정보를 정확히 파악한다

- 문제 해결을 위해 꼭 필요한 질문만 하여 해결에 도움될 정보를 얻는다.
- 최선의 해결책이 불가능할 경우 승객에게 어떻게 하면 만족할지를 솔직히 묻는다.

◆ 6단계: 신속하게 처리한다

- 잘못된 부분에 대해서는 일의 우선순위를 세워 신속하고 완벽하게 처리한다.
- 문제 해결을 위한 신속한 대응으로 한시라도 빨리 사태를 회복하기 위해 최대한 노력하고 있음을 보인다.
- 해결이 불가능할 경우 대안을 제시하되, 처음부터 무조건적 대안은 효과가 없으며 승객이 기대하는 것 이상을 제공하도록 노력해야 한다.

◆ 7단계: 처리를 확인한 후 다시 한번 사과한다

- 불만사항을 처리한 후 승객에게 결과를 알리고 만족 여부를 확인한다.
- 모든 일을 해결한 후 고객에게 다시 한번 사과 인사를 하는 After Care야말로 불만을 종결시키는 마지막 방책이다.
- 승객과의 관계에서는 문제 해결이 핵심이 아니라 결과적으로 승객의 감정이 어떠한지가 가장 중요하다.

◆ 8단계: 재발 방지책을 수립한다

- 최종 마무리 후 다시 결과를 확인한다.
- 최종 마무리가 잘 되면 해당 승무원으로서의 자긍심을 세우는 데도 도움이 된다. 즉 서비스에 실패하여 힘들어한 승무원은 최종 마무리 덕분에 다시 즐거운 마음으로 근무에 임할 수 있게 된다.
- 해당 사례를 회사에 보고하여 재발 방지책을 수립하고, 새로운 승객 응대 방안 등을 마련하여 같은 문제가 생기지 않도록 한다.

불만 승객 응대 요령 8단계

불만 승객 응대 시 유의해야 할 대화법

지양해야 할 표현	바람직한 표현
아니오. 할 수 없습니다. ☞ 단호한 거절	죄송합니다만, 저희가 할 수 있는 일은~ ☞ 정중한 거절 및 대안 제시
제 일이 아닙니다. ☞ 책임 회피	원래 제 담당 업무는 아닙니다만, 손님을 돕게 된 것을 기쁘게 생각합니다. ☞ 적극적인 도움
~을 해야 합니다. ☞ 명령형 화법	~을 하시겠습니까? ~을 해 주시겠습니까? ☞ 청유형 화법
우리 회사 규정은~ ☞ 단도직입적 설명	제게 권한이 없는 일은~ 제가 할 수 있는 일은~ ☞ 쿠션 언어를 활용한 설명
그러니까 제 말씀은~ ☞ 변명	알겠습니다. 말씀하시려는 것을 이해합니다. 어떤 기분이실지 이해가 갑니다. ☞ 이해와 수용

2. 책임 소재에 따른 승객 불만 해결 방안

때로는 승객의 불만이 승객 자신의 문제나 상황에서 비롯되기도 하며 단순히 오해나 착각에서 시작되기도 한다. 이에 승객의 불만 요인이 승무원과 서비스, 시설 등 회사 측에 있는 경우와 승객 개인에게 있는 경우로 나누어 해결 방안을 살펴본다.

1) 회사에 책임이 있는 경우

- 먼저 사과한다.
- 승객의 불만사항에 경청한다.
- 승객에게 변명하지 않는다.
- 승객의 입장에서 공감대를 형성한다.
- 불만 승객에게는 정면보다 어깨를 마주하는 자세를 취한다.
- 침착한 목소리로 천천히 이야기한다.
- 필요 시 관리자가 돕도록 한다.
- 장소를 바꾸어 분위기를 전환한다.
- 대안을 강구한다.
- 승객과 협의한 대안을 충실히 이행한다.

2) 승객에게 책임이 있는 경우

- 승객이 무엇이든 말할 수 있도록 한다.
- 승객의 말에 반박하지 않는다.
- 승객의 잘못을 간접적으로 설명한다.
- 승객의 자존심이 상하지 않도록 배려한다.

3. 기내 불만 사항 해결 방안

1) 인적 요인

승무원의 서비스 태도로 인한 불만

객실 승무원은 승객 탑승 시 단정한 용모와 복장, 밝은 표정과 음성으로 적극적으로 안내하여 승객에게 좋은 첫인상을 각인시키는 것이 중요하다. 서비스를 하다 보면 누구든지 실수를 하기 마련인데, 승무원의 실수가 승객의 불만으로 이어지기도 하고 그렇지 않기도 하는 것은 승객이 항공사와 승무원에 대해 느낀 첫 이미지로 결정된다. 탑승 시점부터 승무원에 대한 첫인상이 좋지 못하다면 '그럴 줄 알았어' '역시나 만족스럽지 않아'라고 여기게 되고 그런 부정적 인상은 승객 불만을 가중시키는 요인으로 작용할 수 있기 때문이다.

☞ 해결 방안은 현장 사례 1을 참조한다.

서비스 Item 부족(미제공)으로 인한 불만

기내 서비스 용품 및 기내식 등은 제한된 비행기의 환경상 지속적으로 공급되지 못하기 때문에 부족 현상이 발생할 수 있다. 이때에는 '없습니다'라고 바로 거절하지 않고 해당 물품을 대체할 수 있는 물품을 안내하고 제공할 수 있도록 노력한다. 또 지속적인 관심으로 불만을 해결할 수 있도록 한다.

특히 기내식을 두 가지 종류의 메뉴 중 선택하는 경우라면, 한 종류가 이미 소진되어 원하는 메뉴를 취하지 못하는 일이 종종 생긴다. 이때는 우선 원하는 식사를 하지 못해 실망한 승객에게 공감을 표하고, 다른 메뉴를 권하되 맛있는 음식으로 느껴지도록 메뉴의 조리법과 소스 등을 상세하게 설명한다. 기내식이 두 번 이상 제공되는 노선이라면 다음 식사에서는 원하는 메뉴를 선택할 수 있다고 안내한다.

☞ 해결 방안은 현장 사례 2를 참조한다.

응대 예시 1

손님 죄송합니다만 주문하신 비빔밥은 모두 서비스되었습니다. 원하는 음식을 제공해 드리지 못해 정말 죄송합니다. 다른 요리로는 와인 소스를 곁들인 소고기 스테이크가 있습니다. 밥과 다양한 구운 야채가 곁들여 있고, 원하시면 고추장도 드릴 수 있습니다. 고추장과 함께 드시면 매우 맛있는데 소고기 스테이크는 어떠십니까? 아침 식사는 손님께서 원하시는 메뉴를 드실 수 있도록 꼭 먼저 준비해 드리겠습니다. 감사합니다. 맛있게 드십시오.

응대 예시 2

손님 죄송합니다만 주문하신 쿠션은 모두 서비스되어 제공해 드리기가 어렵습니다. 대신 담요를 몇 장 더 드릴 테니 활용해 보시는 건 어떠십니까?

승객의 요청사항 미준수 및 지연 응대로 인한 불만

비행 중에는 승객으로부터 다양한 요청을 받게 된다. 승객은 지나가는 승무원에게 요청을 부탁하기도 하고, 좌석 주변에 장착된 호출 버튼을 통해 승무원을 호출하기도 한다. 객실 승무원은 담당구역의 승객 Call Button 소리와 Call Light에 항상 주의를 집중하고 다른 일을 하던 중이라도 승객의 요청을 접수하는 경우 이를 최우선으로 처리해야 한다.

승객 요청 접수 시 승무원은 지참하고 있던 메모 패드 등을 이용하여 승객의 주문 내용과 좌석번호를 적고, 구두로 재확인하여 승객의 요청사항을 바르게 인지하고 정확하게 제공한다. 만약 요청사항에 대한 즉각적 응대가 불가하다면 승객에게 적절히 안내하여 상황을 전하고 반드시 소요시간을 알려야 한다. 또 승객의 요청사항을 제공하지 못할 때는 그 사유를 설명하고 양해를 구한다. 요청사항에 대한 응대가 지연된 경우에는 기다려 준 승객에게 감사 인사를 하여 잘 마무리하도록 한다.

☞ 해결 방안은 현장 사례 3을 참조한다.

화장실 청결에 대한 불만

객실 승무원은 기내 화장실 청결 유지에 힘써야 한다. 지상에서 비행 준비 시 화장실의 청결 상태와 설비의 작동 여부, 화장실 용품의 세팅 등을 점검하고,

비행 중에는 지속적으로 고장 여부와 청결 상태를 점검하며 부족한 물품은 수시로 보충한다.

☞ 해결 방안은 현장 사례 4를 참조한다.

화상에 의한 불만

기내 서비스 중 커피나 차, 식사와 함께 제공되는 국, 라면 등은 뜨거운 상태로 제공하는 경우가 있다. 기내식 중 뜨거운 물을 제공할 때 해당 컵이나 용기에 7~8부 정도를 채워 서두르지 말고 여유를 갖고 서비스하고, 복도에서 뜨거운 음료를 따를 때는 Pot과 Tray를 항상 승객 쪽이 아닌 복도 쪽에 둔다.

뜨거운 음료가 담긴 컵을 승객에게 제공할 때는 승객의 손에 건네지 않고 반드시 식사 테이블 위에 내려놓는다. 제공 후에는 반드시 "뜨거우니 조심하십시오"라고 안내한다. 뜨거운 국을 내려놓기 전에는 앞 좌석 승객의 좌석 등받이가 세워져 있는지 확인한다. 뜨거운 음료나 국 서비스 시 보호자에게 주의할 것을 사전에 안내하고, 유 · 소아의 움직임에 유의한다. 또 뒤편 승객이 뜨거운 음료나 국을 취식하고 있을 수 있음을 말씀드려 식사 중 좌석 등받이에 충격이 가해지지 않도록 안내한다.

☞ 해결 방안은 현장 사례 5를 참조한다.

좌석 변경 요청에 의한 불만

승객이 좌석 변경을 요청하는 이유는 크게 두 가지이다. 개인적으로 불편한 요인이 생긴 경우와 일행과 좌석이 떨어진 경우이다. 여기서는 두 가지로 나누어 응대 및 조치사항을 알아본다.

☞ 해결 방안은 현장 사례 6을 참조한다.

예시 1: 불편 요인 발생에 따른 좌석 변경 요청

- 개인적인 사유로 본인 좌석을 사용하는 데 불편한 요인이 발생함
- 비행 중 승객 간에 불편한 상황이 발생하여 좌석 변경을 요청함
- 조치 요령
  - 승객의 불편사항을 충분히 경청한 후, 승객의 요구사항을 해결하려는 자세를 취한다.
  - 적절하고 조치 가능한 대안을 제시한다.

– 승객 간의 불편 상황 발생 시 적극적인 관심을 표명하고 중재하려고 노력한다.
– 중재 시, 한쪽으로 치우치지 않는 균형을 유지하여 추가 불만을 방지한다.

예시 2: 일행과 좌석이 분리된 승객의 좌석 변경 요청

- 좌석이 만석인 상황에서 일행과 좌석이 분리된 채 객실로 인계된 승객의 요청
- 좌석 만석 상황은 아니나 일행과 함께 착석할 수 있는 여유 좌석이 없는 경우 승객의 요청
- 조치 요령: 해당 승객에게 좌석이 분리된 상황을 정중히 설명하고 비행 중 다른 승객의 동의를 얻어 좌석 재배정을 시도할 것임을 안내한다.

비행 중 좌석 변경 요청 시 승무원 응대 요령

- SHR상의 혼자 여행하는 승객 명단을 참고하여 좌석 변경에 대한 협조 여부 의사를 확인한다.
- 좌석 교환이 이루어진 경우: 좌석 교환을 허락한 승객에게 감사 말씀을 전하고 비행 중 지속적인 관심을 표한다(식사 메뉴 우선 선택 등). 그리고 좌석 교환이 이루어진 승객에게는 좌석 재배정 조치 과정을 기다려 준 것에 감사를 표한다.
- 좌석 교환이 이루어지지 않은 경우: 승무원의 노력에도 불구하고 조치 불가한 상황임을 안내하고 승무원 간 정보를 공유하여 지속적으로 관심을 표한다(식사 메뉴 우선 선택 등). 그리고 객실 사무장의 판단하에 해당 승객의 불편 정도가 심했다면 하기 시 동 내용을 운송 직원에게 반드시 전달하여 입국 수속과 수하물 수취 시 도움을 받도록 한다.

2) 안전 및 설비 요인

출발 전 항공기 지연, 결항 등에 의한 불만

항공기 출발 전 지연, 결항 등이 발생한다면 정확한 사유와 비행시간 등을 고려하여 사무장은 해당 관련 방송을 실시해야 한다. 마냥 승객을 기다리게 하면 승객은 불안감과 궁금증으로 불필요한 오해를 할 수 있기 때문이다. 이 내용과 관련하여 승객의 질문을 받은 경우에도 정확하게 안내하도록 한다.

☞ 해결 방안은 현장 사례 7을 참조한다.

출발 지연 방송문 예시

손님 여러분, 우리 비행기는 지금 출발 준비가 끝났습니다만, ______로 인해 출발이 늦어지고 있습니다.
잠시 후 약 ____분 후에 출발하겠습니다. 이 점 양해해 주시기 바랍니다.

항공기 기름 냄새로 인한 불만

승객 탑승 후 엔진 시동을 걸어 날개 주위에 기름 냄새가 유입된 경우 승객 불만이 접수될 수 있다. 지상에서 주기 중일 때는 엔진을 공회전할 수 없기 때문에 별도의 보조 동력 장치인 APU(Auxiliary Power Unit)를 통해 전원을 공급받는다. APU는 항공기 꼬리 부분에 장착되어 있다. 이 과정에서 냄새의 유입은 엔진에 시동이 걸릴 때 발생하는 일반적인 현상이며 이륙 후에는 냄새가 모두 배출된다. 냄새는 안전 운항과 무관함을 승객에게 안내한다.

☞ **해결 방안은 현장 사례 8을 참조한다.**

기내 흡연으로 인한 불만

기내에서의 흡연은 법으로 엄격히 금지되어 있으나, 일부 승객 중에는 화장실에서 몰래 담배를 피우기도 한다. 항공기에서의 흡연은 연기와 냄새로 인해 다른 승객에게 피해를 주기도 하지만, 무엇보다 기내 화재로 직결되는 요인이므로 승객과 승무원의 안전을 위해 규정에 따라 엄격하게 대응해야 한다.

승무원은 흡연 승객 최초 적발 시 경고장을 제시하여 경찰 인계에 대한 사항을 강력하게 경고하고, 기내 흡연 제지 방송을 실시한다. 비행 중 모든 승무원이 정보를 공유하고 특별 감시한다. 흡연 적발 승객이 재차 흡연할 경우 항공기 도착 후 경찰에 인계한다.

☞ **해결 방안은 현장 사례 9를 참조한다.**

항공기 낙수로 인한 불만(결로 현상)

기내에 결로 현상이 발생하는 원인은 항공기 외부 온도와 내부 온도 차(최대 70도 이상)로 인해 물방울이 생기기 때문이다. 승객이 만석일수록, 비행시간이 길수록 결로 현상 발생률이 높다. 하지만 이는 안전 운항과 관련한 정비 문제가 아니므로 승객에게 이 내용을 정확히 안내한다.

☞ **해결 방안은 현장 사례 10을 참조한다.**

비행 중 낙수 현상 발생 시 승객 응대 요령

- 1차 담당 승무원이 사과하고, 최종적으로 객실 사무장이 사과한다.
- 객실 사무장은 물이 승객이나 승객 좌석에 떨어지지 않도록 항공기에 탑재된 방염 Tape를 이용하여 리넨이나 종이 타월을 해당 부분에 고정하고, 수시로 교체한다.
- 동일 클래스 좌석에 여유가 있는 경우 승객의 의사를 묻고 좌석 변경을 조치한다.
- 좌석에 여유가 없는 경우 객실 사무장은 담당 승무원을 배치하여 수시로 승객의 불편사항을 적극적으로 살피고 도움을 제공하도록 한다.
- 의복 오염 시 객실 사무장은 클리닝 쿠폰을 발급하고, 목적지에 도착하여 승객을 인계할 때 직원에게 쿠폰 발급 내용을 자세히 전달하여 운송 직원을 통해 정확히 조치받도록 한다.
- 낙수 발생 사항에 대해 CDLM에 기재하고 도착 후 정비사에게 관련 사실을 통보한다.

클리닝 쿠폰과 CDLM

클리닝 쿠폰은 승객의 의복 손상 시 발급하는 세탁 쿠폰이다. CDLM은 Cabin Discrepancy List and Memo의 약자로 객실 정비 기록부이다.

기내에서 발생한 불만사항은 원만히 해결하기 위해 노력해야 한다. 이를 위해 불만 요인에 따른 대처 방안과 불만 승객 유형에 따른 해결 방안을 다음의 구체적인 현장 사례를 통해 실질적으로 생각해 보고 연습해 보도록 한다.

먼저 인적 요인에서 비롯된 불만사항으로 승무원의 서비스 태도, 서비스 Item 부족(미제공), 승객의 요청사항 미준수 및 지연 응대, 화장실 청결, 화상, 좌석 변경 요청에 대해 여섯 가지 해결 방안을 알아본다. 그다음에는 안전 및 설비 요인에서 비롯된 불만사항으로 출발 전 항공기 지연과 결항, 항공기 기름 냄새, 기내 흡연, 항공기 낙수(결로 현상)에 대해 네 가지 해결 방안을 살펴본다.

현장 사례 1.

인사 교육을 제대로 하고 있는지...

사례 내용

일 년에 수십 번 이상으로 해외 출장이 잦은 저는 자주 이용할 수밖에 없는 비행기를 내 집과 같이 편안한 곳이라고 생각했습니다. 그동안 편안하게 여행을 잘 했고, 언제나 ○○항공의 서비스는 만족했습니다. 그런데 이번에 LA로 출장길에 오른 저는 ○○항공사에 너무나 큰 실망을 했습니다. 그 시작은 다름아닌, 바로 탑승구에서 일어났습니다. 탑승구에 계신 승무원분이 전혀 웃고 계시질 않더군요. 마치 저를 보고 기분 나쁘다는 표정을 짓고 계신 듯 느껴졌습니다. 심지어 인사를 하시는데, 저를 쳐다보지도 않고 건성으로 하시더군요. 시작부터 기분이 불쾌해졌습니다. 탑승권을 보여 드리니, 검지손가락으로 통로 방향을 가리키더군요. 귀찮다는 듯이 말입니다. 정말 기분이 나빴습니다. 앞으로 긴 시간을 이런 분의 서비스를 받아야 한다니 생각만 해도 스트레스가 되었고, 역시나 비행 중 서비스도 일관되게 불쾌했습니다. ○○항공에서는 인사 교육과 서비스 교육을 제대로 하고 있는지 궁금합니다.

발생 원인

- 승객 탑승 시 승객을 환영하고 안내해야 하는 승무원의 기본 업무를 지키지 않았음.
- 승객 탑승 시점은 승객 만족을 결정하는 매우 중요한 시점임을 인지하지 못했음.
- 승객 탑승 시 정중하지 못하고 무성의한 승무원의 응대 태도로 인해 ○○항공 서비스 전체에 대해 실망을 주었음.
- 무표정한 얼굴과 눈맞춤이 없는 성의 없는 인사로 승객에게 환영의 느낌을 전혀 주지 못했음.
- 좌석 안내 시에도 검지손가락을 사용하는 부적절한 손동작으로 승객에게 불쾌감을 유발했음.

해결 방안

- 승객 탑승 시 승무원은 회사를 대표하여 승객 탑승에 대한 감사의 마음을 전하고 귀한 손님이라는 생각으로 진심을 다해 응대해야 함.
- 탑승구에서 승무원의 첫인상은 승객의 서비스 만족도에 큰 영향을 미친다는 사실을 인식하고 환한 미소, 눈맞춤과 함께 승객을 성의 있는 태도로 환대해야 함.
- 방향을 안내할 때는 손가락을 가지런히 모아 손바닥을 위로 향하게 해야 함.
- 승객에게는 언제나 공손하고 친절한 말투로 응대해야 함.
- 말투, 표정, 동작 모두가 조화롭게 어우러질 때 승객에게 정중한 모습으로 비칠 수 있음을 명심해야 함.

현장 사례 2.

남는 걸 먹어야 한다니...

사례 내용

오랜만에 친구들과 여행을 하게 되어 들떴습니다. 특히 기내에서 즐길 기내식이 무척이나 기대되더군요. 오전 비행기라 아침 식사를 제대로 하지 못해 배도 많이 고팠습니다. 기분 좋게 탑승하고 이륙을 했습니다. 그런데 기내식을 앞에서부터 나눠 주던 승무원이 우리 자리로 와서는 "닭고기 요리입니다. 맛있게 드십시오"하고 기내식을 주는 것이었습니다. 분명 앞쪽의 승객에게는 소고기와 닭고기 중에서 어떤 것을 먹을지 물어보는 걸 들었는데, 우리 일행에게는 닭고기만 일관되게 쭉 배식했습니다. 그리고 우리 뒤쪽의 승객들에게도 닭고기 식사를 배식하더군요.

그러던 중 뒤쪽에서 어떤 승객이 메뉴가 하나냐고 물었고, 그제서야 승무원은 사실 두 종류가 실렸는데 한 종류가 다 서비스되어 닭고기만 남았다고 하더군요. 그때부터 기분이 나빴습니다. 똑같은 비용을 내고 누구는 먹고 싶은 요리를 먹고, 누구는 남은 요리를 먹어야 한다니... 승무원에게 이야기하기가 좀 민망해서 그냥 참았습니다만, 솔직히 속상했습니다. 말이라도 사실대로 하고 양해를 구했으면 좋았을 텐데... 그냥 주는 대로 먹으라고 하는 듯해서 마음이 상했습니다.

발생 원인

- 오늘 서비스될 식사 메뉴를 승객에게 설명하지 않았음.
- 두 종류의 식사 중 한 종류가 다 소진되었으나 이 사실을 승객에게 설명하지 않았음.
- 설명 없이 제공되는 서비스가 승객에게 불쾌감과 오해를 불러일으켰음.

해결 방안

- 서비스되는 상황을 승객에게 사실대로 안내하고 오해나 불쾌감을 최소화하도록 노력해야 함.
- 기내식에 대한 승객의 기대감이 크다는 사실을 인지하고, 원하는 기내식을 취하지 못하는 상황에 대해 위로와 공감을 표현하며, 더욱 정성껏 서비스해야 함.
- 두 번의 기내식이 제공되는 노선이라면, 다음 식사 때는 원하는 요리를 선택할 수 있도록 배려하고 안내해야 함.
- 기내식 제공 후 더 필요한 것이 있는지 확인하고, 여분이 있다면 제공하는 성의를 보여야 함.

현장 사례 3.

정말 한 개 주문하는 데 기본 20분은 넘게 걸렸습니다

사례 내용

물론 밤늦게 출발하여 저희의 손발이 되어 주시는 승무원님들도 많이 피곤하고 힘들다는 거 잘 알고 있습니다. 하지만 승무원님께 주문하면 늦어도 5~10분 내에는 다 들어주셨던 걸로 기억납니다. (제가 해외 여행을 자주 다녀서 다른 항공사들도 접해 본 통계입니다.) 그런데 이번 여행에서는 음료수 한 잔 부탁하면 10~15분을 훌쩍 넘겨서, 다른 승무원에게 부탁하면 또 한참 뒤에 오시고, … 정말 몇 개 주문했을 뿐인데 부탁 하나도 하기가 짜증 났습니다. 승무원님들 호출해서 말만 하면 뭐합니까? 정말 주문 한 개 하면 기본 20분이 넘게 걸리거나 아예 오지도 않았습니다. 휴가 떠나는 기분에 '참자, 참자'를 되새겼지만 기분은 엄청 나빴습니다. 나중에 승무원님이 죄송하다고 하셔서 저분들도 많이 피곤하시겠지 하는 생각에 참고 넘어갔습니다.

발생 원인

- 승객의 주문 시 메모하여 응대하는 기본원칙을 준수하지 않았으며 즉각적 응대를 하지 않았음.
- 동일 내용에 대해 다른 승무원에게 부탁했으나, 승객은 오랜 시간이 지난 후에 제공받았음.
- 승객은 주문한 것을 받지 못한 것에 대한 불만보다 승객의 Needs를 원하는 시간에 충족시키지 못한 승무원의 응대 태도에 대한 불만이 더 컸음.

해결 방안

- 승객의 요청사항은 항상 경청하고 메모하여 잊지 않도록 하며, 즉시 해결할 수 있는 부분은 바로 제공하도록 노력해야 함.
- 주문을 받은 승무원이 즉각 응대하지 못할 경우에는 주위의 다른 승무원에게 도움을 청하여 반드시 해결하도록 함.
- 승객의 주문사항에 대한 응대 시에는 요청한 아이템을 단지 제공만 하면 되는 것이 아니라, 승객이 원하는 시점에 적절히 제공하는 것이 중요함.
- 시간이 오래 걸릴 것으로 예상되면 예상 소요시간을 알려서 기다리는 시간이 지루하게 느껴지지 않게 해야 함.

현장 사례 4.

화장실 상태가 아쉬웠습니다

사례 내용

기내식이 끝나고 비행기 후방 우측 화장실에 양치를 하러 들어갔지만, 비치되어 있어야 할 종이컵이 없었고, 옆칸으로 들어가니 페이퍼 타월이 없었습니다. 정말 황당하더군요.. 그리고 비행기 착륙 전에 다시 화장실에 들렀는데 화장실이 평소보다 더 더럽고 악취가 심했습니다. 물론, 사람들이 지저분하게 이용했을 수도 있지만 그럼 한 번 더 관리했어야 한다고 생각합니다.

발생 원인

- 화장실 상시 점검과 같은 기본 업무를 수행하지 않았음.
- 기내식 서비스가 끝난 시점은 화장실 사용이 집중됨에도 불구하고 화장실 청결 및 비품 상태를 확인하지 않았고 화장실 용품도 보충하지 않았음.
- 화장실 점검 시 변기, 거울, 바닥, 세면대 등 청결 상태를 꼼꼼히 점검하지 않았음.

해결 방안

- 화장실 집중 이용 시간대인 Meal Tray 회수 종료 직후와 두 번째 식사 서비스 전의 각 30분간은 승객 휴식시간대보다 자주 화장실을 점검해야 함.
- 화장실을 점검할 때는 바닥 물기 제거, 비품 확인 및 교체를 해야 하며 화장실 비품은 지속적으로 보충해야 함.
- 악취가 나는 경우 오물이 묻었는지 확인하고 화장실용 스프레이를 이용하여 악취를 제거해야 함.
- 화장실 청결 및 비품 관리 상태는 항공사 서비스 기준의 중요 척도임을 인식해야 함.

kool99 / iStock / Getty Images Plus

현장 사례 5.

미역국이 허벅지에 쏟아져 화상을 입었습니다

사례 내용

승무원이 Meal Tray에서 비빔밥을 내려놓은 다음 뜨거운 미역국을 제게 넘겨주었는데, 너무 뜨거운 나머지 저도 모르게 국 그릇을 놓쳤고 미역국이 제 양쪽 허벅지에 쏟아져 화상을 입었습니다. 승무원이 여러 번 사과했지만 당시 너무 황당하여 그 승무원에게 '괜찮다'고 말할 수가 없었습니다. 이후 사무장님과 승무원들의 지속적인 응급처치로 화상 흉터는 남지 않았으나 좀 더 세심한 서비스를 부탁드립니다.

발생 원인

- 뜨거운 국을 서비스할 때는 승객의 Tray Table에 직접 놓아 드려야 하는 기본원칙을 준수하지 않았음.
- 뜨거운 식음료를 서비스할 때 "뜨거우니 조심하십오"라고 반드시 안내해야 하나 동 절차를 수행하지 않았음.

해결 방안

- 국 용기에 뜨거운 물을 따를 때 적정량(7~8부)을 따르도록 하고, 승객에게 반드시 "국이 뜨거우니 조심하십시오"라고 안내하여 승객의 주의를 환기시켜야 함.
- 복도에서 뜨거운 음료를 따를 때 Pot과 Tray는 항상 복도쪽에 두고 따르며, 뜨거운 음료가 담긴 컵을 승객에게 제공할 때는 손에 건네지 않고 반드시 Tray Table 위에 내려놓아야 함.
- 뜨거운 식음료를 서비스할 때는 서두르지 않고 여유를 갖고 보다 각별한 주의를 기울여야 함.

Bignai / Shutterstock.com

현장 사례 6.

왜 내가 자리를 옮겨야 하나요

사례 내용

출장차 비행기에 탔습니다. 많이 피곤했던 터라 음료 서비스 시작 전에 잠이 들었습니다. 자는데 자꾸 뒤에서 의자를 발로 차길래 잠에서 깨어 뒤를 돌아보니 외국 아이가 뒷좌석에 타고 있었습니다. 승무원에게 상황을 얘기하고 양해를 구해 달라고 부탁했는데, 그럼 자리를 옮기는 건 어떠시겠냐고... 자다가 비몽사몽에 하이힐에 종일 발이 아파 신발도 벗고 있어서 번거롭다고 했더니 뒷좌석 승객에게 얘기해도 계속 그럴 거 같다고 하셨습니다. 우리나라 사람들의 안 좋은 모습을 보이지 않으려고 옮기긴 했지만 그전에 외국분한테 말씀드리고 자리 변경을 부탁하는 게 먼저 아닌가요?

발생 원인

- 주위 승객의 불편을 초래한 승객에게 적절한 응대를 하지 못했음.
- 불편함을 느낀 승객을 위해 상황을 해결하지 않고 오히려 그 승객에게 불편을 가중하여 문제를 해결하려는 소극적인 태도를 보였음.

해결 방안

- 승객 간의 불편사항 발생 시에는 정확한 원인을 파악하고 적극적으로 해결하려는 자세를 가져야 함.
- 일방적인 양보나 이해를 요구하기보다 상호간에 이해시키려는 승무원의 중재 노력이 필요함.

Igor Salnikov / Shutterstock.com

현장 사례 7.
너무 답답했습니다

사례 내용

출장을 가느라 비행기에 탑승했습니다. 현지에 도착하면 바로 협력업체와 미팅을 해야 하는데, 이륙하기 전에 비행기 이륙이 다소 지연될 거라는 방송이 나왔습니다. 시간이 촉박했지만, 처음엔 그러려니 했습니다. 그런데 아무리 기다려도 비행기가 이륙을 하지 않았습니다. 왜 이륙하지 않는지, 몇 분 후에 이륙하는지 알지 못하니 목적지 도착 후 미팅 현장에 얼만큼 늦게 갈지 예측할 수가 없어 답답하더군요. 승무원을 불러 언제 이륙하냐고 물어보니 자기도 잘 모른다고 하네요. 이런 건 기장이나 사무장이 승무원들에게 정확하게 전달하고, 승객에게도 알려줘야 하지 않을까요? 한참 뒤에는 방송으로 안내를 해 줬지만, 바로바로 정확한 정보를 알 수 없어 너무 답답했습니다.

발생 원인

- 항공기 지연 상황에서 정확한 사유와 출발시간을 안내하지 않았음.
- 승무원이 관련 사항을 정확하게 인지하지 못했음.

해결 방안

- 출발 지연 방송 시 지연 사유와 출발 예정시각을 안내해야 함.
- 뭉뚱그려 잠시 후에 출발한다는 식의 안내는 승객의 궁금증과 불안을 해소할 수 없음.

M Stock / iStock / Getty Images Plus

현장 사례 8.
휘발유 냄새에 속이 메스꺼웠어요

사례 내용

비행기에 탑승하고 자리에 앉았는데 갑자기 휘발유 냄새가 나기 시작했습니다. 일행도 냄새 때문에 속이 메스껍다며 기름이 새고 있는 건 아닌지 걱정된다고 말했습니다. 비행기가 낡아 보여 뭔가 안전에 문제가 있는 건 아닌지 불안해지기 시작했습니다. 그래서 지나가는 승무원에게 물어보니 괜찮다고만 말하고 슝 지나가네요. 자세하게 설명해 주면 좋겠는데, 바빠 보이더라고요. 괜찮다고 하니까 괜찮겠지 하고 넘어갔지만 안전하게 이륙할 때까지 불안하긴 했습니다. 설명을 잘 해 주면 좋겠어요.

발생 원인

- 기내에 유입된 기름 냄새에 불안해하는 승객에게 자세하게 설명하지 않았음.
- 승객의 질문에 무관심한 듯한 태도를 보여 승객이 승무원을 신뢰할 수 없게 되었음.

해결 방안

- 승객에게 질문을 받으면 승객이 이해할 수 있게 설명해야 함.
- 기장에게 확인하고 안전 운항에는 전혀 문제가 없음을 재차 확인해 주어야 함.

현장 사례 9.

다른 승객의 흡연으로 불쾌했습니다

사례 내용

기내식 서비스가 끝나고 화장실을 사용하려고 줄을 섰는데, 어디선가 담배 냄새가 나는 것 같았습니다. 화장실 사용을 마치고 꽤 긴 시간이 흘렀음에도 냄새가 사라지지 않는 걸로 보아 뭔가 문제가 있다고 생각하고 승무원에게 제보를 했습니다. 그러고 나서 잠시 후 화장실에서 삐삐 하는 경고음이 들리더군요. 승무원이 도착하여 화장실 문을 노크하고 안에 있는 승객을 나오게 했는데, 강하게 대응할 줄 알았던 승무원이 너무 저자세로 담배 피운 승객을 대해서 조금 실망스러웠습니다.

기내에서는 흡연이 금지된 걸로 아는데, 조금 강하게 말해도 되지 않나요? 화장실 문을 열자마자 담배 냄새가 심하게 나서 매우 불쾌했습니다. 전 비흡연자로 담배 냄새를 무척 싫어하거든요. 비행기 안이라 환기도 안 되는데 옷에도 냄새가 밸 것 같아 짜증이 났습니다.

발생 원인

- 승무원이 주기적으로 화장실을 점검해야 함에도 불구하고, 기내 흡연 발생 취약 시점인 식사 서비스 후 화장실 점검을 하지 않았음.
- 승무원이 기내 흡연 승객에게 단호하게 대응하지 못했음.

해결 방안

- 식사 서비스 전후 및 비행 중 주기적으로 화장실을 점검하여 Smoke Detector 내 이물질 여부를 수시로 확인하는 등 기내 흡연 예방 활동을 해야 함.
- 흡연 승객 발생 직후 또는 예상되는 경우 '기내 흡연 제지' 방송을 실시하고 주변 승객에게 적절한 사과와 응대를 해야 함.
- 항공기 및 승객의 안전을 위해 승무원은 기내 흡연 승객에게 규정에 따라 단호하게 대응하고 항상 기내를 쾌적하게 유지해야 함.

현장 사례 10.

물 새는 비행기는 처음이어서 불안했습니다

사례 내용

아내와 여행 후 귀국편 비행기를 탔는데, 창가 쪽에서 물이 뚝뚝 떨어져 머리며 옷이 흠뻑 젖었습니다. 자리를 교체해 준다는 승무원이 앞쪽에 자리가 많이 비었음에도 불구하고 뒷좌석을 권유했습니다. 기분이 불쾌하여 그냥 휴지로 물 새는 부분을 틀어막고 견뎠습니다. 물 새는 부위를 보니 스카치 테이프가 붙어 있고 승무원들이 출발 전후로 항상 물이 샌다고 했습니다. 물 새는 비행기는 처음 타는 관계로 귀국할 때까지 불안정한 상태로 아내와 불안감을 느꼈습니다(추락 공포).

발생 원인

- 결로 현상에 대한 승무원의 정확한 안내와 적절한 조치가 이루어지지 않아 승객의 불안과 불만을 야기했음.
- 좌석 변경 시 승무원의 충분한 설명과 적극적인 응대가 부족했음.

해결 방안

- 승무원은 항공기 결로 현상의 원인을 정확히 숙지해야 함.
- 담당 승무원이 1차 사과를 하고 상황을 설명하며 낙수되는 곳의 물기를 제거하고, 방염 테이프를 부착하는 등 즉각적인 조치를 해야 함.
- 필요 시 좌석 변경 및 Cleaning Coupon 발급 등 지속적으로 승객의 불편사항을 살피며 적극적으로 도움을 제공해야 함.
- 비행 중 낙수 사실을 반드시 CDLM에 기재하여 정비사에게 통보해야 함.

Motortion / iStock / Getty Images Plus

04

승객 불만 해결 후 만족도 확인

Confirmation of Satisfaction After Dealing with Complaints

1. 객실 서비스 품질 관리

비행 중 불만 관련 승객에 대해서는 갤리(주방) 내 브리핑 시트를 활용하여 전 승무원과 정보를 공유한다. 승객 불만 해결 후 만족도를 확인하기 위해 수시로 기내 순회를 하면서 또 다른 요청사항이 있는지 확인한다. 승객이 하기하기 전에 비행 중 불편함을 끼친 점에 대해 한 번 더 사과하고, 같은 실수가 재발하지 않도록 노력할 것임을 승객에게 전달하여 유종의 미를 거두도록 노력한다. 필요 시 지상 직원에게 승객을 안내한다.

2. 객실 승무원의 서비스 품질 관리

용모와 복장을 점검한다

용모와 복장을 항상 단정하고 청결하게 유지한다. 단정한 용모와 복장이 곧 신뢰임을 잊지 않는다.

표정을 점검한다

- 승객의 얼굴을 보고 밝은 표정으로 눈을 맞추면서(Eye Contact) 환영의 인사말을 한다.
- 승객 응대 시 친근감을 주는 밝은 표정을 유지하며, 승객의 기분이나 상황에 맞추어 표정을 연출한다.

화법을 숙지한다

- 표준어, 높임말, 정중한 단어를 사용하여 공손하게 표현한다.
- 발음을 정확하게 하고 적절한 속도로 말하며 긍정적으로 표현하도록 한다. 올바른 화법은 승객에게 신뢰감을 줄 수 있는 중요한 수단이다.

고객 응대 시 준수사항을 숙지한다

- 업무 지식을 정확하게 숙지하여 승객의 질문에 명확하게 답변한다.
- 비행시간, 항로, 목적지 도착 예정시간 등 해당 편 비행 정보를 숙지하여 승객들과의 대화에 활용하도록 한다.
- 담당구역의 전 승객에게 관심을 갖고 간단한 대화를 하되 토론은 피한다.
- 호출 버튼(Call Button)이 켜질 경우 우선적으로 해당 승객의 요구사항을 해결한다. 호출 버튼은 해당 승객의 요구사항을 끝까지 경청한 다음에 리셋한다.
- 승객이 희망하는 물품이 없거나 제공이 불가한 경우 사유를 정중히 설명하고 대체 물품을 권유한다.
- 승객 불만 해결 후에도 지속적으로 승객을 돌보도록 하며 고객 불만을 고객 만족으로 전환할 수 있도록 대처 능력을 향상시킨다.

잠깐! 점검해 볼까요?

03

승객 불만 해결 방안

1. 불만 승객 응대 요령 8단계를 정리해 보시오.

2. 불만 승객 응대 요령에 따라 다음 승객을 응대해 보시오.

 - 승무원 식사가 다 식었잖아요? 뒤쪽에 앉은 사람은 식은 걸 먹어야 하나요?

 - 저 사람들이 너무 시끄러워서 잘 수가 없는데 어떻게 좀 해 주세요. (단체 승객들의 소란)

 - ○○일보는 벌써 다 떨어졌나요? 그 신문을 오늘 꼭 보고 싶은데...

출·도착 서류 작성 및 관리하기

Creation & Management of Immigration Documents

01 항공기 출발서류 이해
(Understanding of Immigration Document (Departure))

02 입국서류
(Immigration Document (Arrival))

03 항공기 설비 특이사항 기록
(Records with Notes About Equipment of Aircraft)

04 도착 전 지상 직원 인계 서류
(Hand-over Documents to Ground Staff Before Arrival)

5

01

항공기 출발서류 이해

Understanding of Immigration Document (Departure)

수행 준거

- 객실 서비스 및 객실 안전 규정에 따라 항공기 출발에 필요한 각종 서류의 수량, 종류 등을 점검할 수 있다.
- 객실 서비스 및 객실 안전 규정에 따라 도착지 국가별 요구 사항에 따라 입국에 필요한 서류를 요청할 수 있다.
- 비행 중 발생한 기내 안전 및 서비스 설비에 대한 특이 사항을 기록할 수 있다.
- 항공기 도착 전 지상 직원에게 인계해 줄 서류의 이상 유무를 점검할 수 있다.
- 항공기 도착 시, 지상 직원에게 객실 운항 관련 서류를 인계할 수 있다.

객실 사무장은 항공기 출발에 필요한 서류를 작성하고 최종 확인을 해야 한다. 항공기 출발 시 Door Close 전에 지상 요원으로부터 인수한 출발서류를 확인한다. 또 객실 사무장은 출발서류 내 비행 관련 정보를 기입하여 도착 후 지상 직원을 통해 각국 해당 기관에 전달되도록 한다.

1. 국내선 출발에 필요한 서류

- 승객 명단(Passenger List/Passenger Manifest, PM)
- 특별 서비스 요청 승객(Special Handling Request, SHR)
- 승무원 명단(Crew List)
- 화물 적하 목록(Cargo List/Cargo Manifest, CM): 적하된 화물의 상세한 내역

을 나타내는 목록으로 항공기 등록번호, 항공기 번호, 출발지, 목적지, 화물의 개수와 중량, 품목 등이 기재된다.

- 기타(서약서, COMAIL 등) 국내선 구간 서류는 항공사에 따라 다를 수 있다.

2. 국제선 출발에 필요한 서류

- 승객 명단(Passenger List/Passenger Manifest, PM)
- 특별 서비스 요청 승객(Special Handling Request, SHR)
- 항공기 입출항 신고서(General Declaration, G/D): 항공기 출항 허가를 받기 위해 관계 기관에 제출하는 서류의 하나로, 항공편의 일반사항, 승무원 명단과 항공기 운항상 특이사항이 기재된다.
- 화물 적하 목록(Cargo List/Cargo Manifest, CM): 적하된 화물의 상세한 내역을 나타내는 목록으로 항공기 등록번호, 항공기 번호, 출발지, 목적지, 화물의 개수와 중량, 품목 등이 기재된다.
- 도착지 입국(CIQ) 절차에 필요한 서류
- 출입국(Immigration)에 필요한 입국 카드(E/D Card), 세관신고서(Customs), 검역신고서(Quarantine)
- 기타 추방자(Deportee)와 TWOV 승객 여권, 서약서, COMAIL 등

3. 출발서류의 종류

1) G/D(General Declaration)

항공기 정보와 승무원 명단이 기재된 서류이다. 탑승 승객 상황과 비행 중 발생한 병약 승객 및 검역 사항에 대해 객실 사무장이 작성하도록 되어 있다. G/D 상단부분에는 해당 항공편에 대한 정보(편명, 날짜, 항공기 등록번호, 항공사, 출발지, 목적지) 및 운항, 객실, 정비사를 포함한 승무원 명단이 기재되어 있다.

- NUMBER OF PASSENGERS ON THIS STAGE 부분에 출발지, 도착지 탑승, 하기 승객 수를 사무장이 기재한다.

GENERAL DECLARATION(OUTWARD/INWARD)

OPERATOR : KOREA AIRLINE
MARKS OF NATIONALITY AND REGISTRATION : HL8228
FLIGHT NUMBER : KE0929 DATE : 26JUL22
DEPARTURE FROM INCHEON INTL,SEOUL
ARRIVAL AT : PULKOVO AIRPORT, ST PETERSBURG

------------------ F L I G H T R O U T I N G ------------------

PLACE FROM : INCHEON INTL, SEOUL
TO : PULKOVO AIRPORT, ST PETERSBURG

-------------------------- C R E W L I S T --------------------------

1	CPT	LEE DONG WOON	KR	2	CPT	KIM KEUN YOUNG	KR
3	FOR	LEE SANG MUN	KR	4	PUR	KANG MIN WOO	KR
5	CAB	CHOI YUU RI	KR	6	CAB	CHO YEON JAE	KR
7	CAB	PARK HANNA	KR	8	CAB	KIM KI WAN	KR
9	CAB	LEE SOO JIN	KR	10	CAB	PARK YE EUN	KR
11	CAB	SONG YOO JUNG	KR	12	CAB	KANG JI YOUNG	KR
13	CAB	SHUKRONA CHUSOVITINA	UZ	14	EXY	HWANG MI JIN	KR
15				16			
17				18			

* TOTAL NUMBER OF CREW M 5 F 9
* NUMBER OF PASSENGERS ON THIS STAGE
  DEPARTURE PLACE
    EMBARKING :
    THROUGH ON SAME FLIGHT :
  ARRIVAL PLACE
    DISEMBARKING :
    THROUGH ON SAME FLIGHT :

---

* DECLARATION OF HEALTH

PERSONS ON BOARD WITH ILLNESSES OTHER THAN AIRSICKNESS OR THE EFFECTS OF ACCIDENTS, (INCLUDING PERSONS WITH SYMPTOMS OR SIGHS OF ILLNESS SUCH AS RASH, FEVER, CHILLS, DIARRHOEA) AS WELL AS THOSE CASES OF ILLNESS DISEMBARKED DURING THE FLIGHT

....

ANY OTHER CONDITIONS ON BOARD WHICH MAY LEAD TO THE SPREAD OF DISEASE............
DETAILS OF EACH DISINSECTING OR SANITARY TREATMENT (PLACE, DATE, TIME, METHOD) DURING THE FLIGHT. IF NO DISINSECTING HAS BEEN CARRIED OUT DURING THE FLIGHT GIVE DETAILS OF MOST RECENT DISINSECTING...

SIGNED, IF REQUIRED : ____

CREW MEMBER CONCERNED

--------------------------- FOR OFFICIAL USE ONLY ---------------------------

- DECLARATION OF HEALTH(하단 검역란) 부분에 질병, 전염병, 기타 검역 관련 발생 승객에 대해 기입하고 사무장이 서명한다. Station에 따라 GD에 기장의 서명이 필요할 수도 있기 때문에 사전에 관련 내용을 숙지해야 한다.

2) PM(Passenger Manifest)

승객 명단은 출입국 관리법에 따라 입출국하는 승객의 이름, 좌석번호, 국적이 표기된 서류이다. 이 서류에는 승무원이 특별히 기재해야 할 사항이 없으나, 승객의 이름과 좌석번호가 나와 있으므로 비행 중 필요 시 참고할 수 있다. 또 PM을 통해 비상사태 발생 시 탑승객 확인이 가능하다.

객실 사무장은 승객 탑승 후 Door Close 전에 PM상의 탑승객 수와 실제 탑승객 수를 반드시 비교하여 일치하는지 확인해야 한다. 특히 GD 작성 시 PM상의 전체 승객 수를 육안으로 확인한 후, GD 'TTL PAX'란에 기재함으로써 PM과 GD에 표기된 승객 수가 반드시 일치하도록 해야 한다.

PASSENGER MANIFEST

OPERATOR: KOREA AIRLINE

MARKS OF NATIONALITY AND REGISTRATION: HL4567

FLIGHT NUMBER: KE123 DATE: 31JAN24

FROM INCHEON TO HANEDA

C/I	NAME	SEC	S/N	C/I	NAME	SEC	S/N
	KIM/MINJUN	027	KR-35F		KIM/YONGHA	134	KR-52E
	KIM/SOOMIN	007	KR-10A		YAMAMURA/TOMOYA	156	JP-45G
	LEE/YEONJAE	068	US-28E		KAWASAKI/TAKAYA	113	JP-17B
	JUNG/HAJUN	010	US-40G		LIM/HYEMIN	079	KR-42E
	CHOI/HYEMI	101	US-40H		CHOI/BYEOL	142	KR-21H
	HAN/SANGJI	126	KR-32B		MIN/JAEJUN	178	KR-32C
	KO/JAEMIN	035	KR-56D		MATSUMURA/SAYAKA	127	JP-28C
	SONG/JIAN	059	KR-58G		HONG/YOOJUNG	168	KR-37B

3) CM(Cargo List/Cargo Manifest)

항공기 Cargo에 실린 화물의 상세 내역을 기록한 화물 적하 목록으로, 항공기 등록번호, 항공기 번호, 출발지, 목적지, 화물 개수와 중량, 품목 등이 기재된다. CM은 지상에서 화물 탑재 후 지상 직원이 서류를 정리하여 관련 내용을 기장과 최종 확인한 후 객실 사무장에게 전달한다. 서류를 전달받은 객실 사무장은 봉투 앞면의 해당 편명, 날짜를 확인하고 비행 중 보관했다가 목적지에 도착한 후 항공기 Door Open 시 다른 서류들과 함께 지상 직원에게 전달한다. CM은 비행 중 객실 사무장이 사용할 일이 특별히 없으나 항공기 입항에는 반드시 필요한 서류이므로 Door Close 전에 지상 직원에게 해당 편 CM 탑재 여부를 반드시 확인한다.

CARGO MANIFEST

OPERATOR: KOREA AIRLINE

MARKS OF NATIONALITY AND REGISTRATION: HL1234
FLIGHT NUMBER: KE0567　　DATE: 31JAN23

POINT OF LANDING: SEOUL KOREA　　POINT OF UNLANDING: SYDNEY AUSTRALIA

AWB NO	PCS	NATURE OF GOODS		WEIGHT IN K/L	FOR USE BY OPERATOR ONLY	FOR OFFICIAL USE ONLY
123-84950680	87	CONSOL		1039	TYO/SYD	KE7890/31JAN
123-29384950	8	CONSOL		869	SEL/SYD	○○○
123-10458293	32	CONSOL		306	SEL/SYD	○○○
123-12938492	9	TEXTILES		79	SEL/SYD	○○○
123-23849107	30	FRESH SALMON	PES	524	OSL/SYD	KE007/31JAN
123-10392834	2	LIVE DOG		50	SEL/SYD	○○○

4) SHR(Special Handling Request)

특별 서비스 요청 승객의 정보가 수록된 서류로 승객 특이사항, 요청사항, 좌석 번호, 국적 등이 기재된다. 승객의 개인정보가 담긴 서류로 비행 중 다른 승객에게 노출되지 않도록 관리하고, 비행 후에는 회사가 정한 방식으로 폐기한다.

029A/SEA		MS KIM/SUNYOUNG	(KR)
		DEAF	
029F/SEA		JOHNSON/AARON TAYLOR	(US)
029G/SEA		MS BLUNT/EMILY OLIVIA LEAH	(US)
		WCHR	
030B/SEA	CHD	MSTR LAU/HENRY	(CA)
		CHLD 07AUG09	
030E/SEA		SALONGA/MARIA LEA CARMEN IMUTAN	(PH)
		WCHR PAX CANT WALK LONG DISTANCE DUE TO RECENT SURGERY	
030F/SEA		DEPP/JOHNNY CHRISTOPHER	030G/SEA
		DEPP/LILY ROSE MELODY	(US)
	INF	DEPP/JACK	(US)
		BBML	
		INFT DEPP/JACK 22JUL17	
031C/SEA	CMI	HOLTON/ERICA FAITH	(US)
		CHML 1PORK CUTLET/2FRIED RICE/EGG	
		CHLD 26DEC12	
031E/SEA		SONG/JUNGGI	(KR) MKT-DL
		FPML	
		SHR-MIDDLE SEAT INFO OK	
031F/SEA		NGUYEN/THIHUONG	(VN)

일반석 SSR

```
****************************************************************************************************************************************
SPECIAL PASSENGER SUMMARY
F CABIN   CREW   001E
          ELIP   001A 002A 002E
          FRES   002A
          MM     001A
          MP     002A
          VOCP   001A
C CABIN   CHLD   012A 012D 014B
          ELIP   007E 007H 008J 009D 009E 009H
          FMLY   010B
          MP     007H 008J 009E
          VOCP   007H
Y CABIN   AVIH   041G
          BBML   030G
          BSCT   042F
          CHLD   028E 030B 031C 032H 032J 033D 034A 034D 034J 035H 036H 038B 039G 039J 042B 042J 043J 045E 046F 047B 047F 047G 053H
          CHML   028E 031C 034A 034D 034J 035H 038B 039G 039J 042J 045E 046F 047B 047F 047G 053H
          CREW   041A 046B
          DEAF   029C
          FMLY   028D
          FPML   031E 046A
          HNML   037E 037F
          ICML   028D 042F
          INFT   028D 030G 042F
          SFML   048J
          SPMA   039H
          VGML   041C
          VLML   032F 048A
          VOML   033H 033J
          WCHR   029A 029G 030E 033G 049A 050D 051F
          WCHS   039E 039F 044E 044F
****************************************************************************************************************************************
```

SSR의 마지막 페이지/승객 요청사항 정리

출발서류 점검표 예시

<table>
<tr><th colspan="2">노선</th><th>공통 서류</th><th>추가 서류</th></tr>
<tr><td colspan="2">국내선</td><td>• 승무원 명단(Crew List)
• 승객 명단(PM)
• 화물 적하 목록(CM)</td><td></td></tr>
<tr><td rowspan="5">국제선</td><td>중국</td><td rowspan="5">• 항공기 출항 · 입항 신고서(GD)
• 승객 명단(PM)
• 화물 적하 목록(CM)
• 기타(추방자 및 TWOV 승객 여권, 서약서 등) 승무원 입국서류</td><td>• 승무원용 세관신고서
• 승무원용 검역신고서
• 총기(전자 충격 총) 신고서</td></tr>
<tr><td>미국</td><td>• 승무원용 입국서류
• 도착편 주류 목록 (Liquor List)
• 도착편 기내 면세품 판매 보고서 (Sales Report)</td></tr>
<tr><td>일본</td><td>입국허가서 (Crew Member's Landing Permit)</td></tr>
<tr><td>영국</td><td>도착편 주류 목록 (Liquor List)</td></tr>
<tr><td>호주</td><td>승무원용 입국서류 (Aircrew Declaration Form)</td></tr>
</table>

☞ 비행 전에 목적지 국가의 필요 서류 정보를 확인한다.

02

입국서류

Immigration Document (Arrival)

1. 출입국서류 종류

도착지 입국(CIQ) 절차에 필요한 서류는 입국카드(E/D Card), 세관신고서(Customs), 검역신고서(Quarantine)이다. 국가별로 입국에 필요한 서류 양식이 다르고 서류 종류도 상이하므로 비행 전에 미리 확인해야 한다. 각 항공사 규정에 따라 환자 승객이나 임산부의 서약서를 요청하기도 한다. 객실 사무장은 도착지 국가의 입국서류가 정확히 준비될 수 있도록 확인한다.

출입국신고서(Embarkation/Disembarkation Card)

국제선으로 여행하는 모든 내·외국인은 각 국가의 출입국 규정에 따라 출입국 서류를 개개인이 작성하여 제출해야 하므로 탑재를 확인한다.

세관신고서(Customs)

각국이 정하고 있는 관세법 규정에 따라 해외 여행자는 미리 작성하여 세관 담당자에게 제출해야 한다. 국가별로 차이가 있으나 일반적으로 가족당 1부를 작성한다.

검역신고서(Quarantine)

전염병의 전염을 방지하고 예방하기 위한 조치로 항공기는 착륙 후 입국 시 가장 먼저 검역 절차를 거치게 되며 필요한 경우에는 검역질문서를 작성해야 한다. 국가별로 검역 신고를 생략하는 곳도 있다.

승무원용 입국서류

일부 국가에서는 승무원용 입국서류와 승객용 입국서류가 구분되어 있다.

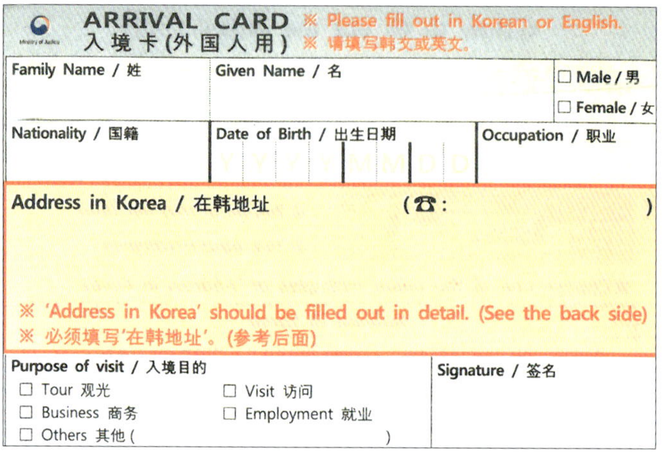

ARRIVAL CARD ※ Please fill out in Korean or English.
入境卡(外国人用) ※ 请填写韩文或英文。

Family Name / 姓 | Given Name / 名 | ☐ Male / 男 ☐ Female / 女

Nationality / 国籍 | Date of Birth / 出生日期 (Y Y Y Y M M D D) | Occupation / 职业

Address in Korea / 在韩地址 (☎ :)

※ 'Address in Korea' should be filled out in detail. (See the back side)
※ 必须填写'在韩地址'。(参考后面)

Purpose of visit / 入境目的
☐ Tour 观光 ☐ Visit 访问
☐ Business 商务 ☐ Employment 就业
☐ Others 其他 ( )

Signature / 签名

대한민국 입국신고서

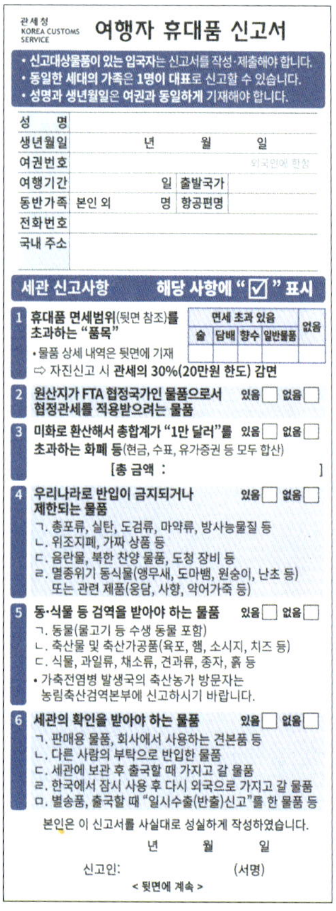

관세청 KOREA CUSTOMS SERVICE

여행자 휴대품 신고서

- 신고대상물품이 있는 입국자는 신고서를 작성·제출해야 합니다.
- 동일한 세대의 가족은 1명이 대표로 신고할 수 있습니다.
- 성명과 생년월일은 여권과 동일하게 기재해야 합니다.

성 명			
생년월일	년 월 일		
여권번호	외국인에 한함		
여행기간	일	출발국가	
동반가족	본인 외 명	항공편명	
전화번호			
국내 주소			

세관 신고사항 해당 사항에 "☑" 표시

1. 휴대품 면세범위(뒷면 참조)를 초과하는 "품목" — 면세 초과 있음(술 / 담배 / 향수 / 일반물품) / 없음
   - 물품 상세 내역은 뒷면에 기재
   - ⇨ 자진신고 시 관세의 30%(20만원 한도) 감면
2. 원산지가 FTA 협정국가인 물품으로서 협정관세를 적용받으려는 물품 있음☐ 없음☐
3. 미화로 환산해서 총합계가 "1만 달러"를 초과하는 화폐 등(현금, 수표, 유가증권 등 모두 합산) 있음☐ 없음☐
   [총 금액 :]
4. 우리나라로 반입이 금지되거나 제한되는 물품 있음☐ 없음☐
   ㄱ. 총포류, 실탄, 도검류, 마약류, 방사능물질 등
   ㄴ. 위조지폐, 가짜 상품 등
   ㄷ. 음란물, 북한 찬양 물품, 도청 장비 등
   ㄹ. 멸종위기 동식물(앵무새, 도마뱀, 원숭이, 난초 등) 또는 관련 제품(웅담, 사향, 악어가죽 등)
5. 동·식물 등 검역을 받아야 하는 물품 있음☐ 없음☐
   ㄱ. 동물(물고기 등 수생 동물 포함)
   ㄴ. 축산물 및 축산가공품(육포, 햄, 소시지, 치즈 등)
   ㄷ. 식물, 과일류, 채소류, 견과류, 종자, 흙 등
   - 가축전염병 발생국의 축산농가 방문자는 농림축산검역본부에 신고하시기 바랍니다.
6. 세관의 확인을 받아야 하는 물품 있음☐ 없음☐
   ㄱ. 판매용 물품, 회사에서 사용하는 견본품 등
   ㄴ. 다른 사람의 부탁으로 반입한 물품
   ㄷ. 세관에 보관 후 출국할 때 가지고 갈 물품
   ㄹ. 한국에서 잠시 사용 후 다시 외국으로 가지고 갈 물품
   ㅁ. 별송품, 출국할 때 "일시수출(반출)신고"를 한 물품 등

본인은 이 신고서를 사실대로 성실하게 작성하였습니다.
년 월 일
신고인: (서명)
< 뒷면에 계속 >

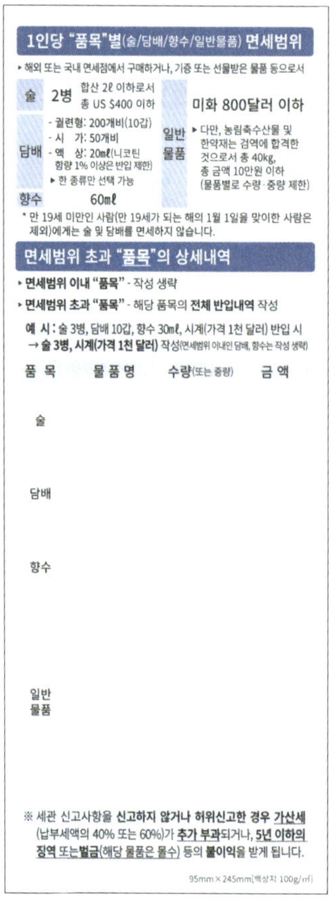

1인당 "품목"별(술/담배/향수/일반물품) 면세범위

▸ 해외 또는 국내 면세점에서 구매하거나, 기증 또는 선물받은 물품 등으로서

품목	면세범위
술	2병 합산 2ℓ 이하로서 총 US $400 이하
담배	- 궐련형: 200개비(10갑) - 시 가: 50개비 - 액 상: 20mℓ(니코틴 함량 1% 이상은 반입 제한) ▸ 한 종류만 선택 가능
향수	60mℓ
일반물품	미화 800달러 이하 ▸ 다만, 농림축수산물 및 한약재는 검역에 합격한 것으로서 총 40kg, 총 금액 10만원 이하 (물품별로 수량·중량 제한)

* 만 19세 미만인 사람(만 19세가 되는 해의 1월 1일을 맞이한 사람은 제외)에게는 술 및 담배를 면세하지 않습니다.

면세범위 초과 "품목"의 상세내역

- 면세범위 이내 "품목" - 작성 생략
- 면세범위 초과 "품목" - 해당 품목의 전체 반입내역 작성

예 시 : 술 3병, 담배 10갑, 향수 30mℓ, 시계(가격 1천 달러) 반입 시
→ 술 3병, 시계(가격 1천 달러) 작성(면세범위 이내인 담배, 향수는 작성 생략)

품 목	물 품 명	수량(또는 중량)	금 액
술			
담배			
향수			
일반물품			

※ 세관 신고사항을 신고하지 않거나 허위신고한 경우 가산세(납부세액의 40% 또는 60%)가 추가 부과되거나, 5년 이하의 징역 또는 벌금(해당 물품은 몰수) 등의 불이익을 받게 됩니다.

95mm × 245mm[백상지 100g/㎡]

대한민국 세관신고서

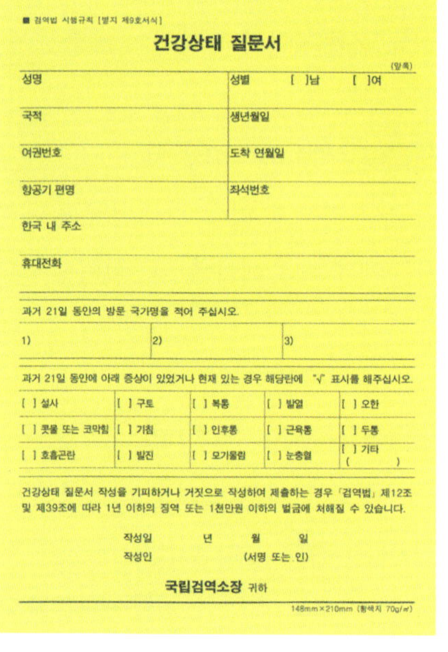

■ 검역법 시행규칙 [별지 제9호서식]

건강상태 질문서

(앞쪽)

성명	성별 [ ]남 [ ]여
국적	생년월일
여권번호	도착 연월일
항공기 편명	좌석번호
한국 내 주소	
휴대전화	

과거 21일 동안의 방문 국가명을 적어 주십시오.

1)	2)	3)

과거 21일 동안에 아래 증상이 있었거나 현재 있는 경우 해당란에 "√" 표시를 해주십시오.

[ ] 설사	[ ] 구토	[ ] 복통	[ ] 발열	[ ] 오한
[ ] 콧물 또는 코막힘	[ ] 기침	[ ] 인후통	[ ] 근육통	[ ] 두통
[ ] 호흡곤란	[ ] 발진	[ ] 오기울림	[ ] 눈충혈	[ ] 기타 ( )

건강상태 질문서 작성을 기피하거나 거짓으로 작성하여 제출하는 경우 「검역법」 제12조 및 제39조에 따라 1년 이하의 징역 또는 1천만원 이하의 벌금에 처해질 수 있습니다.

작성일 년 월 일
작성인 (서명 또는 인)

국립검역소장 귀하

148mm × 210mm (황색지 70g/㎡)

대한민국 검역질문서

2. 국가별 입국서류

대한민국(내국인 기준)

입국신고서(내국인 작성 불요), 세관신고서(가족당 1부 작성)

미국

- 입국신고서(I-94), 세관신고서(가족당 1부 작성)
- I-94는 미국 여행 시 시민권자와 영주권자를 제외한 모든 미국 입출국자들이 작성하는 서류로 2013년 6월부터 도입된 전자식 자동 입출국 시스템이다. 과거에는 기내 또는 국경에서 작성하여 여권에 부착해 주는 종이 서류였으나, 현재는 온라인으로 절차가 변경되어 웹(https://i94.cbp.dhs.gov/I94/#/home)에서 자신의 I-94 정보를 확인할 수 있다.

중국

출입국신고서, 세관신고서, 검역신고서

일본

- 입국신고서, 세관신고서(가족당 1부 작성)

☞ 모든 외국인 승객이 입국신고서를 작성하며, 국제선 통과 승객(International Transit Passenger)은 작성하지 않는다.

영국

입국신고서, 세관신고서, 검역신고서가 불요하다.

☞ 입국신고서는 2019년 5월 20일부터 폐지되었다.

독일과 프랑스

입국신고서, 세관신고서, 검역신고서가 불요하다.

호주

입국신고서

국가별 입국서류

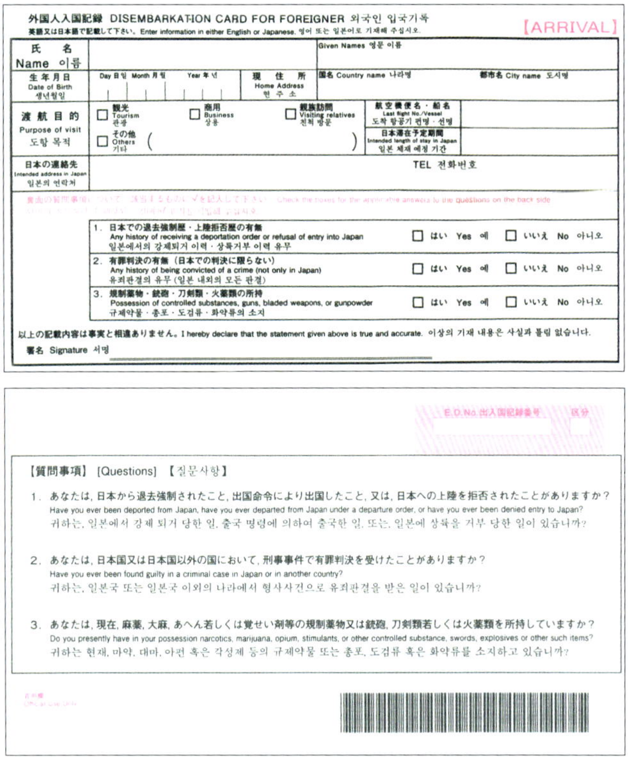

外国人入国記録 DISEMBARKATION CARD FOR FOREIGNER 외국인 입국기록
英語又は日本語で記載して下さい。 Enter information in either English or Japanese. 영어 또는 일본어로 기재해 주십시오.
【ARRIVAL】

氏名 Name 이름	Given Names 영문 이름		
生年月日 Date of Birth 생년월일	Day 日 일 Month 月 월 Year 年 년	現住所 Home Address 현 주 소	国名 Country name 나라명 / 都市名 City name 도시명
渡航目的 Purpose of visit 도항 목적	観光 Tourism 관광 / 商用 Business 상용 / 親族訪問 Visiting relatives 친척 방문 / その他 Others 기타	航空機便名・船名 Last flight No./Vessel 도착 항공기 편명・선명 / 日本滞在予定期間 Intended length of stay in Japan 일본 체재 예정 기간	
日本の連絡先 Intended address in Japan 일본의 연락처	TEL 전화번호		

	はい Yes 예	いいえ No 아니오
1. 日本での退去強制歴・上陸拒否歴の有無 Any history of receiving a deportation order or refusal of entry into Japan 일본에서의 강제퇴거 이력・상륙거부 이력 유무	☐	☐
2. 有罪判決の有無（日本での判決に限らない） Any history of being convicted of a crime (not only in Japan) 유죄판결의 유무 (일본 내외의 모든 판결)	☐	☐
3. 規制薬物・銃砲・刀剣類・火薬類の所持 Possession of controlled substances, guns, bladed weapons, or gunpowder 규제약물・총포・도검류・화약류의 소지	☐	☐

以上の記載内容は事実と相違ありません。 I hereby declare that the statement given above is true and accurate. 이상의 기재 내용은 사실과 틀림 없습니다.
署名 Signature 서명

【質問事項】 [Questions] 【질문사항】

1. あなたは，日本から退去強制されたこと，出国命令により出国したこと，又は，日本への上陸を拒否されたことがありますか？
Have you ever been deported from Japan, have you ever departed from Japan under a departure order, or have you ever been denied entry to Japan?
귀하는, 일본에서 강제 퇴거 당한 일, 출국 명령에 의하여 출국한 일, 또는, 일본에 상륙을 거부 당한 일이 있습니까?

2. あなたは，日本国又は日本国以外の国において，刑事事件で有罪判決を受けたことがありますか？
Have you ever been found guilty in a criminal case in Japan or in another country?
귀하는, 일본국 또는 일본국 이외의 나라에서 형사사건으로 유죄판결을 받은 일이 있습니까?

3. あなたは，現在，麻薬，大麻，あへん若しくは覚せい剤等の規制薬物又は銃砲，刀剣類若しくは火薬類を所持していますか？
Do you presently have in your possession narcotics, marijuana, opium, stimulants, or other controlled substance, swords, explosives or other such items?
귀하는 현재, 마약, 대마, 아편 혹은 각성제 등의 규제약물 또는 총포, 도검류 혹은 화약류를 소지하고 있습니까?

일본 입국신고서

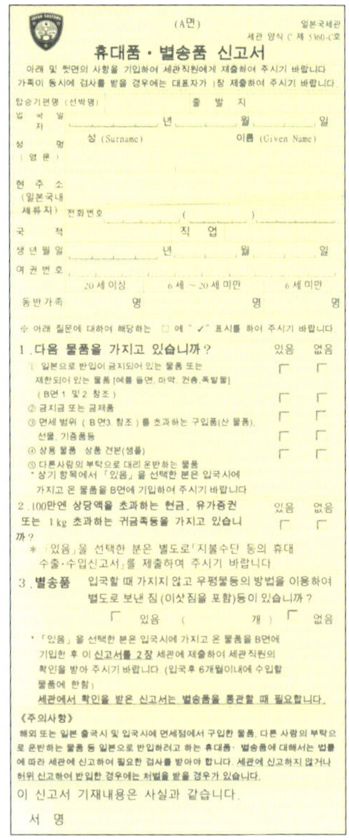

(A면)

휴대품・별송품 신고서

아래 및 뒷면의 사항을 기입하여 세관직원에게 제출하여 주시기 바랍니다.
가족이 동시에 검사를 받을 경우에는 대표자가 1장 제출하여 주시기 바랍니다.

탑승기편명(선박명) / 출발지 / 입국일자 년 월 일
성명(영문) 성(Surname) 이름(Given Name)
현주소(일본국내 체류지) 전화번호
국적 / 직업
생년월일 년 월 일
여권번호
동반가족 20세 이상 명 / 6세~20세 미만 명 / 6세 미만 명

※ 아래 질문에 대하여 해당하는 □에 "✓" 표시를 하여 주시기 바랍니다.

1. 다음 물품을 가지고 있습니까? (있음 / 없음)
① 일본으로 반입이 금지되어 있는 물품 또는 제한되어 있는 물품 (B면 1 및 2 참조)
② 금지금 또는 금제품
③ 면세 범위(B면3 참조)를 초과하는 구입품(선물품), 선물, 기증품 등
④ 상용 물품・상품 견본(샘플)
⑤ 다른사람의 부탁으로 대리 운반하는 물품
* 상기 항목에서 「있음」을 선택한 분은 입국시에 가지고 온 물품을 B면에 기입하여 주시기 바랍니다.

2. 100만엔 상당액을 초과하는 현금, 유가증권 또는 1kg 초과하는 귀금속등을 가지고 있습니까? (있음 / 없음)
* 「있음」을 선택한 분은 별도로 「지불수단 등의 휴대 수출・수입신고서」를 제출하여 주시기 바랍니다.

3. 별송품 입국할 때 가지지 않고 우편물등의 방법을 이용하여 별도로 보낸 짐(이삿짐을 포함)등이 있습니까? (있음 (개) / 없음)
* 「있음」을 선택한 분은 입국시에 가지고 온 물품을 B면에 기입한 후 이 신고서를 2장 세관에 제출하여 세관직원의 확인을 받아 주시기 바랍니다. (입국후 6개월이내에 수입할 물품에 한함)
세관에서 확인을 받은 신고서는 별송품을 통관할 때 필요합니다.

《주의사항》
해외 또는 일본 출국시 및 입국시에 면세점에서 구입한 물품, 다른 사람의 부탁으로 운반하는 물품 등 일본으로 반입하려고 하는 휴대품・별송품에 대해서는 법률에 따라 세관에 신고하여 필요한 검사를 받아야 합니다. 세관에 신고하지 않거나 허위 신고하여 반입한 경우에는 처벌을 받을 경우가 있습니다.

이 신고서 기재내용은 사실과 같습니다.
서명

일본 세관신고서

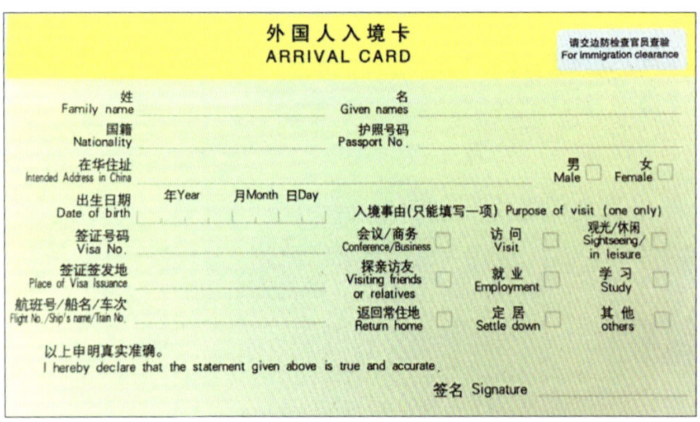

外国人入境卡
ARRIVAL CARD
请交边防检查官员查验 For immigration clearance

姓 Family name / 名 Given names
国籍 Nationality / 护照号码 Passport No.
在华住址 Intended Address in China / 男 Male ☐ 女 Female ☐
出生日期 Date of birth 年Year 月Month 日Day
入境事由(只能填写一项) Purpose of visit (one only)
签证号码 Visa No. / 会议/商务 Conference/Business ☐ 访问 Visit ☐ 观光/休闲 Sightseeing/in leisure ☐
签证签发地 Place of Visa Issuance / 探亲访友 Visiting friends or relatives ☐ 就业 Employment ☐ 学习 Study ☐
航班号/船名/车次 Flight No./Ship's name/Train No. / 返回常住地 Return home ☐ 定居 Settle down ☐ 其他 others ☐

以上申明真实准确。
I hereby declare that the statement given above is true and accurate.
签名 Signature

중국 입국신고서

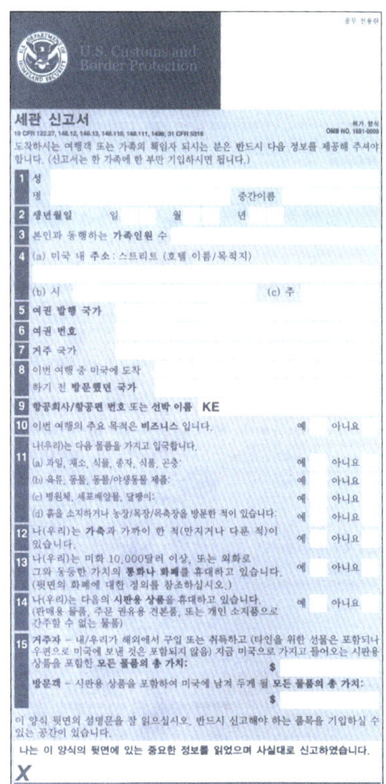

U.S. Customs and Border Protection

세관 신고서
19 CFR 122.27, 148.12, 148.13, 148.110, 148.111, 1498; 31 CFR 5316 / OMB NO. 1651-0009

도착하시는 여행객 또는 가족의 책임자 되시는 분은 반드시 다음 정보를 제공해 주셔야 합니다. (신고서는 한 가족에 한 부만 기입하시면 됩니다.)

1. 성 / 명 / 중간이름
2. 생년월일 일 월 년
3. 본인과 동행하는 가족인원 수
4. (a) 미국 내 주소: 스트리트 (호텔 이름/목적지) (b) 시 (c) 주
5. 여권 발행 국가
6. 여권 번호
7. 거주 국가
8. 이번 여행 중 미국에 도착하기 전 방문했던 국가
9. 항공회사/항공편 번호 또는 선박 이름 KE
10. 이번 여행의 주요 목적은 비즈니스 입니다. 예 아니요
11. 나(우리)는 다음 물품을 가지고 입국합니다.
(a) 과일, 채소, 식물, 종자, 식품, 곤충: 예 아니요
(b) 육류, 동물, 동물/야생동물 제품: 예 아니요
(c) 병원체, 세포배양물, 달팽이: 예 아니요
(d) 흙을 소지하거나 농장/목장/목축장을 방문한 적이 있습니다: 예 아니요
12. 나(우리)는 가축과 가까이 한 적(만지거나 다룬 적)이 있습니다. 예 아니요
13. 나(우리)는 미화 10,000달러 이상, 또는 외화로 그와 동등한 가치의 통화나 화폐를 휴대하고 있습니다. (뒷면의 화폐에 대한 정의를 참조하십시오.) 예 아니요
14. 나(우리)는 다음의 시판용 상품을 휴대하고 있습니다. (판매용 물품, 주문 권유용 견본품, 또는 개인 소지품으로 간주할 수 없는 물품) 예 아니요
15. 거주자 – 내/우리가 해외에서 구입 또는 취득하고 (타인을 위한 선물은 포함되나 우편으로 미국에 보낸 것은 포함되지 않음) 지금 미국으로 가지고 들어오는 시판용 상품을 포함한 모든 물품의 총 가치: $
방문객 – 시판용 상품을 포함하여 미국에 남겨 두게 될 모든 물품의 총 가치: $

이 양식 뒷면의 설명문을 잘 읽으십시오. 반드시 신고해야 하는 품목을 기입하실 수 있는 공간이 있습니다.
나는 이 양식의 뒷면에 있는 중요한 정보를 읽었으며 사실대로 신고하였습니다.
X (서명) 날짜(일/월/년) CBP Form 6059B (Korean)(11/07)

미국 세관신고서

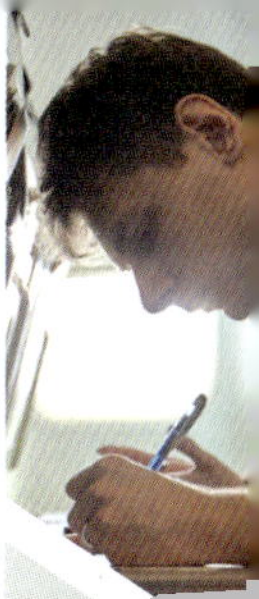

03

항공기 설비 특이사항 기록

Records with Notes About Equipment of Aircraft

1. 항공기 설비 점검

항공기 설비는 크게 기내 오락물 시스템(In-flight Entertainment System), Galley(주방) 설비, 승객 좌석, 화장실 설비, Bunk(승무원 휴게실) 등으로 구분할 수 있다. 항공기 기종에 따라 기내 시설물의 종류와 사양이 다르다. 객실 사무장은 승객 탑승 전에 객실 정비 일지(Cabin Discrepancy Log)를 확인하여 전 비행에서의 결함사항에 대한 조치 결과를 점검한다.

항공기 설비는 작동에 문제가 없는지 비행 전에 반드시 점검해야 한다. 이상이 발견되는 경우 사무장과 선임 승무원에게 보고하고, 정비사로부터 수리받도록 조치해야 한다.

Sergei Sokolnikov / Shutterstock.com

공용 모니터

Sunday Oladokun / Shutterstock.com

개인용 모니터

1) 기내 오락물 시스템 점검

객실 사무장은 항공기 탑승 후 기내 오락물 시스템의 정상 작동 여부를 점검한다. 이상이 없으면 비행에 필요한 기본 설정 작업을 수행한다.

- 공용 모니터 화면을 점검한다.
- Safety Demo를 점검한다.
  ☞ 객실 사무장은 Safety Demo 영상을 사전에 상영해 본다. 전 객실에 공용 모니터와 개인용 모니터가 잘 작동하는지 확인하고, 음량도 체크한다. 객실 사무장이 객실 전체를 직접 돌아보며 정상 작동 여부를 확인할 수 있다.
- 승객 탑승 환영 음악(Boarding Music)의 작동 상태를 확인한다.

2) 좌석 전원 공급 장치 점검

좌석 전원 공급 장치(In-seat Power Supply, ISPS)는 기내에서 휴대전화, 노트북 등의 개인 휴대 전자기기의 전원을 제공하는 장치이다. 보통 좌석 하단이나 좌석 앞 모니터 근처, 팔걸이(상위 클래스)에 설치되어 있으며, 다양한 플러그를 사용할 수 있도록 제작되었다. 그러나 일부 국가에서만 사용하는 플러그에는 별도의 어댑터가 필요하다. 전압은 110V/50Hz로 대부분의 노트북을 사용할 수 있으나 노트북의 소비 전력에 따라 전원 공급이 제한되기도 한다. 노트북은 배터리를 분리하여 사용하고, 휴대용 전자기기도 전원을 끈 상태로 충전한다.

Herbert Pictures / iStock / Getty Images Plus

점검 방법은 비디오 컨트롤 센터(Video Control Center)에 위치한 좌석 전원 공급 시스템의 전원 스위치를 켠 후 승객 좌석 하단에 장착된 표시기가 녹색인지 확인하는 것이다. 비행 종료 후 전원 스위치를 끈다. ISPS의 표시기에 녹색 등이 들어와야 정상 작동하며, 적색 등은 충전 불가, 주황색 등은 불안정하다는 의미이다.

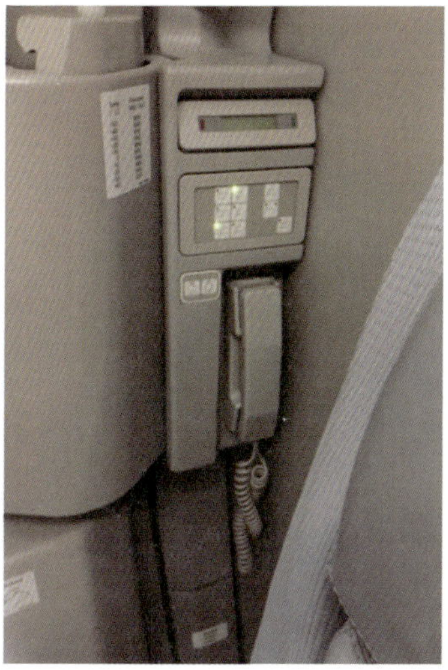

3) 개인용 기내 엔터테인먼트 시스템 점검

객실 승무원은 담당구역의 일부 좌석을 선택하여 개인용 기내 엔터테인먼트 시스템의 작동 상태를 점검하고 이상 유무를 객실 사무장에게 보고한다.

- 승객 서비스 유닛(Passenger Service Unit, PSU): 개인용 비디오 및 오디오
- 호출 버튼(Call Button)
- 독서등(Reading Light)

4) 커뮤니케이션 시스템(Handset 및 PA) 점검

- 모든 객실 승무원은 담당 스테이션에 설치되어 있는 핸드셋의 이상 유무를 확인한다.
- 객실 사무장과 방송 담당 승무원은 PA 상태를 점검한다.

5) 객실 조명 점검

- 객실 사무장은 객실 조명의 정상 작동 여부를 점검한다.
- 객실 조명 5단계별로 일일이 작동하여 이상 여부를 확인한다.

Full Bright ➡ Bright ➡ Medium ➡ Dim ➡ Night

6) 갤리(주방) 설비 점검

- 갤리 내 오븐(Oven), 커피메이커(Coffee Maker), 칠러(Chiller), 워터 보일러(Water Boiler), 워머(Warmer), 냉장고, 엘리베이터 등의 작동 여부를 점검한다.
- 비행 종료 후 갤리 내 주요 설비의 전원을 끈다.

갤리

7) 화장실 설비 작동 여부 점검

- 객실 승무원은 담당구역 화장실의 물 내림 상태, 물 공급 상태, 배수 상태 등을 점검한다.
- 객실 사무장은 항공기 갤리(주방)와 화장실에 공급될 물 탑재량(Portable Water)을 점검한다.

Krysja / Shutterstock.com

기내 화장실

2. 객실 정비 일지 작성

객실 정비 일지(Cabin Discrepancy Log, CDL)는 객실 설비와 장비에 결함이 생긴 경우 결함 내용을 기록하는 객실 정비에 대한 기록 일지이다. 객실 사무장은 비행 중 발생한 기내 시설물의 결함을 기록하고, 이 사실을 착륙 후 객실 정비 담당자에게 알린다.

객실 정비 담당자는 객실 정비 일지를 통해 결함 내역을 파악하고 조치할 수 있다. 객실 정비 일지는 항공사마다 다를 수 있으나 해당 편수, 발생일, 항공기 등록번호(HL No.), 결함 내용, 위치, 사무장, 기장 등의 내용이 포함되어야 한다.

CDL 작성 시 기재해야 할 내용과 방법은 다음과 같다.

- 상단 필수 기록란에 해당 편수, 비행 구간, HL NO, 운항 일자, 기장 이름, 객실 사무장 이름을 작성한다.
- 운항 일자는 세계표준시(UTC) 기준으로 dd/mm/yy 형식으로 작성한다(예: 12/FEB/23).
- 비행 중 항공기 설비와 장비에 결함이 생긴 경우에는 좌측 DEFECT DESCRIPTION란에 객실 사무장이 순서대로 결함 내용을 작성한다.
- 모든 내용은 영어로 작성한다.
- 기내 설비 결함의 순서는 숫자를 사용하여 표시한다.
- 객실 설비 결함 사항은 정비사나 기장에게 구두로 전달한 경우라도 해당 편 구간에서 CDL을 작성한다.
- 목적지 도착 후 정비사가 해당 장비에 대한 정비를 마치고 CDL 우측 ACTION TAKEN란에 조치사항에 대한 기록을 남긴다.

대표적인 기내 설비 결함 작성법 예시

구분	결함 내용	작성법	구분	결함 내용	작성법
air conditioning	작동 불능	inoperative	air chiller	작동 불능	inoperative
	기름 냄새 남	smell of oil			
	세게 나옴	high air flow		시원하지 않음	not chill enough
	약하게 나옴	low air flow			
armrest	손상됨	damaged	attendant call button indicator	켜지지 않음	not illuminate
	더러움	dirty		꺼지지 않음	stays illuminated
	움직이지 않음	not move		손상됨	damaged
	느슨함	loose		상태 불량	bad quality
backrest	잘 움직이지 않음	not move easily	boarding music	볼륨이 너무 작음	volume too low
				볼륨이 너무 큼	volume too high
	목표 위치까지 움직이지 않음	not move fully to target position		소음 발생	makes noise
				작동 불능	inoperative
door(lavatory, crew rest area, coat room)	손상됨	damaged	galley drain	막힘	clogged
	문이 열리고 닫히지 않음	not open/ close easily			
	소음 발생	makes noise			
individual video monitor	화면 상태 불량	screen malfunction	in seat audio	작동 불능	inoperative
				볼륨 조절 불능	volume control malfuntion
				채널 오작동	channel selection malfunction
light(ceiling, threshold, galley, wall, lavatory)	손상됨	damaged	monitor	상태 불량	bad qulity
	꺼지지 않음	stays illuminated		작동 불능	inoperative
	켜지지 않음	not illuminate		화면이 흐림	out of focus
	깜빡거림	flickering			

구분	결함 내용	작성법	구분	결함 내용	작성법
oven	냄새가 남	bad smell	pram	소리가 너무 큼/작음	volume too high/low
	더러움	dirty		소음 발생	makes noise
	손상됨	damaged		작동 불능	inoperative
PA	소리가 너무 큼/작음	volume too high/low	reading light	각도 조절 필요	adjustment necessary
				꺼지지 않음	stays illuminated
	소음 발생	makes unwanted noise		켜지지 않음	not illuminate
				깜빡거림	flickering
				저절로 꺼짐	goes off automatically
seat	손상됨	damaged	seatbelt	손상됨	damaged
	더러움	dirty		더러움	dirty
	젖음	wet		작동 불능	inoperative
toilet bowl	흡입이 되지 않음	suction operates not sufficient	toilet basin	넘침	overflow
				물이 안 나옴	water not flow
				물이 계속해서 흘러나옴	water flows continuously
tray table	기울어짐	tilted	trash compactor	문의 여닫음이 되지 않음	door inoperative
	쉽게 움직이지 않음	not move easily		작동 불능	inoperative
				정상으로 작동하지 않음	malfunction
	느슨함	loose		새어 나옴(기름, 물)	leaks

04

도착 전 지상 직원 인계 서류

Hand-over Documents to Ground Staff Before Arrival

1. Ship Pouch

항공기가 목적지에 도착하여 항공기 Door Open 후, 객실 사무장은 운송 직원에게 Ship Pouch를 인계한다. Ship Pouch에는 입항에 필요한 각종 서류와 기내에서 승객들에게 받은 기내 접수 서류들이 들어 있다. 또 Ship Pouch를 인계하면서 중요 승객이나 특별 승객의 정보를 운송 직원에게 알리고, 검역이나 세관의 하기 절차가 필요한지도 확인한다.

Real_life_photo / Shutterstock.com

Door Open 전 운송 직원과 주고받는 신호

- 입항에 필요한 서류: GD, PM, CM, 기타 국가별 입항서류, Crew List, 승무원 세관신고서, 검역신고서, 총기 신고서(중국), Liquor List(영국, 미국), 기내 방역 확인서(Insecticide Aerosol Spray/피지), Sales Report 등
- 기내 접수 서류: 항공사 회원가입 신청서, 귀국편 사전주문서, Cleaning Coupon 등

  ☞ 기내 접수 서류는 분실 또는 훼손되지 않도록 유의해야 한다. 객실 사무장은 기내 접수 서류에 대한 확인, 취합, 관리 등의 책임이 있다.

1) 항공사 회원가입 신청서

항공사마다 상용 고객 우대 프로그램(Frequent Flyer Program)을 운영한다. 항공사와 제휴사를 이용할 때마다 마일리지를 적립하고, 적립된 마일리지로 마일리지 항공권 이용 등 혜택이 있다. 항공사에 따라 신청 서식이 기내에도 탑재되는 경우가 있으므로, 신청서를 받으면 신청자의 성명과 생년월일, 탑승편명, 탑승날짜, 좌석번호, 출발지/도착지 기재 여부를 반드시 확인한 후 접수한다.

2) 귀국편 사전주문서

기내에 탑재된 귀국편 예약 주문서로 주문을 받아 귀국편 기내에서 면세품을 전달받도록 예약하는 기내 접수 서류이다.

- 귀국편 사전주문서를 접수한 항공기가 현지 도착 후 72시간 이후 출발편에 한해 사전주문이 가능하므로 반드시 확인하도록 한다(한일, 한중 노선은 48시간 이후).
- Code Share(공동 운항) 항공편은 접수 불가하다.
- 귀국일이 현지 출발일자로 기재되었는지 확인한다.
- 접수 후 접수자 기재란에 성명, 편명, 접수일자를 기재한다.
- 귀국편 사전주문서는 2장으로 구성되며, 기내에 준비된 귀국편 사전주문서를 작성한 후 1부는 승객에게, 1부는 수납창구에 제출한다. 분실되지 않도록 각별히 유의한다.
- 귀국편 사전주문 시에는 귀국편 기내에서 승객에게 물품을 전달한 후 대금을 정산한다.
- 담당 승무원은 접수받은 사전주문서의 총수량을 객실 사무장에게 보고해야 한다.

귀국편 사전주문서

(제출용)

- 아래의 주문방식 중 한가지를 선택하여 작성 후 승무원에게 제출 하시기 바랍니다.
  Please check the one of the boxes, fill out the information below and submit it to the Cabin Crew.

☑ **기내 주문** (In-Flight Order)

좌석번호 Seat No	

☑ **예약 주문** (Pre-Order)

- 예약 주문에 체크하시는 분은 아래 사항을 기입해 주시기 바랍니다.
  If you would like to pre-order, please fill out the form below.

☐ 필수기입 Mandatory

성명 Name	국문 (Korean)			스카이패스 회원 번호 SKYPASS No.			
	영문 (English)						
생년월일 Date of Birth				연락처 Telephone No.			
탑승일 (현지 출발일 기준) Return Date	년 (Year)	월 (Month)	일 (Day)	탑승편명 Flight No.	KE	전달 희망 구간 Portion	→

- 기내 면세품을 예약 주문하신 대한항공 스카이패스 회원께는 기내 면세품 포인트를 적립하여 드립니다. 기내 면세품 포인트는 스카이패스 회원 가입 신청서 접수일 이후부터 적립됩니다. 고객님의 개인정보는 기내 면세품 포인트 적립 및 기내 면세품 판매 서비스를 제공하기 위한 용도로만 사용됩니다. (동의 여부를 체크해 주시기 바랍니다.) 예 ☐ 아니오 ☐
- In-flight shopping points will only be offered to SKYPASS members who used pre-order services. Points will only be accumulated after your application of SKYPASS membership is accepted. Your personal data will not be used for any other purposes besides accumulating your in-flight shopping points and managing customer relationships by Korean Air. Please check for agreement. Yes ☐ No ☐

- 탑승일정은 변경시 48시간 전에 연락 주시기 바랍니다.
  If you change your flight schedule, please let us know 48 hours prior to the departure time.
- 기내판매 품목 및 가격은 상품을 전달 받으시는 시점 기준으로 적용됨을 참고 하시기 바랍니다.
  The price of the items will be applicable at the time of delivery.
- 만 19세 미만은 주류를 구매하실 수 없습니다.
  Liquor is not available to passengers under the age of 19 for entering Korea.

품목 번호 Item No.	품 명 Item Description	주문수량 Order Quantity

☞ 도착지 공항에서 다른 비행 편으로 환승하십니까? (국내선으로 환승하는 경우 포함) 예 ☐ 아니오 ☐
Are you going to transfer to another flight? (Including domestic flight) Yes ☐ No ☐

접수자(Receiver)	편명/접수일자(FLT No./Date)

- 세관 신고 필요시간 부족으로 주문 상품이 탑재되지 않을 수도 있음을 안내해 드림 ☐
  Informed that pre-ordered item may not be loaded due to lack of time for customs declaration. ☐
- 기내 판매 품목 및 가격은 상품을 전달 받으시는 시점 기준으로 적용됨을 안내해 드림 ☐
  Informed that product price may be adjusted at the time of purchase. ☐

3) Cleaning Coupon

승객의 의복 손상 시 발급하는 세탁 쿠폰이다. 객실 사무장은 쿠폰에 승객의 성명과 편명, 일시, 비행구간 등을 기록하고 자필 서명한다. 그리고 쿠폰의 우측에 있는 '승객 보관용' 부분을 절취하여 승객에게 전달한다. 객실 사무장은 해당 승객의 성명, 발급 매수가 도착지에 고지되도록 조종실에 협조를 요청한다(국제선 착륙 40분 전, 국내선 도착 20분 전).

도착 후 운송 직원에게 쿠폰 발급사항에 대해 전달한다. Company Radio 이용이 불가할 경우 해당 승객을 도착지 운송 직원에게 인계하면서 쿠폰 발급 사실을 명확히 인지시킨다.

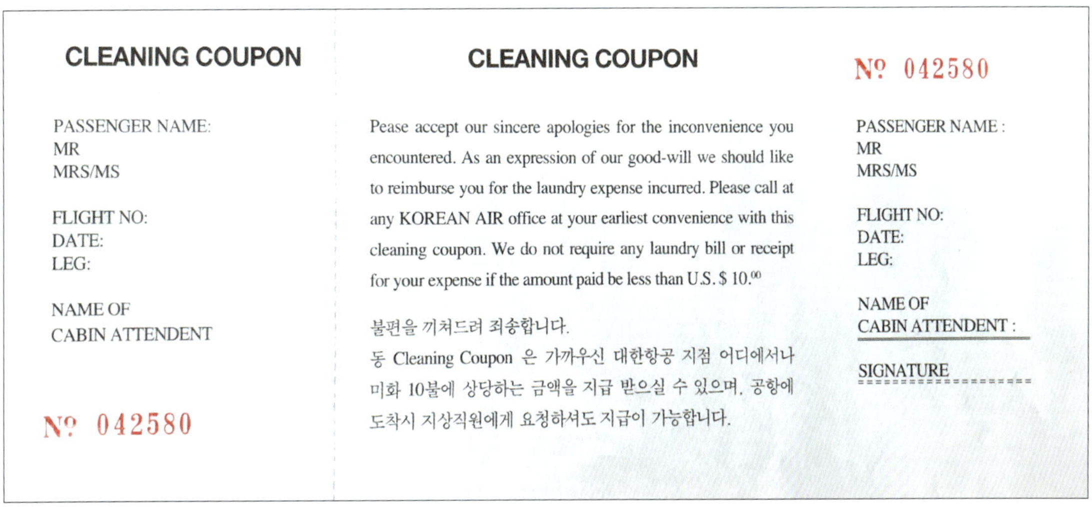

CLEANING COUPON

PASSENGER NAME:
MR
MRS/MS

FLIGHT NO:
DATE:
LEG:

NAME OF
CABIN ATTENDENT

№ 042580

CLEANING COUPON

Pease accept our sincere apologies for the inconvenience you encountered. As an expression of our good-will we should like to reimburse you for the laundry expense incurred. Please call at any KOREAN AIR office at your earliest convenience with this cleaning coupon. We do not require any laundry bill or receipt for your expense if the amount paid be less than U.S. $ 10.00

불편을 끼쳐드려 죄송합니다.
동 Cleaning Coupon 은 가까우신 대한항공 지점 어디에서나 미화 10불에 상당하는 금액을 지급 받으실 수 있으며, 공항에 도착시 지상직원에게 요청하셔도 지급이 가능합니다.

№ 042580

PASSENGER NAME :
MR
MRS/MS

FLIGHT NO:
DATE:
LEG:

NAME OF
CABIN ATTENDENT :

SIGNATURE

Cleaning Coupon

2. 특별 서비스 요청(Special Handling Request, SHR) 승객 서류

1) 제한 승객

- 스트레처(Stretcher) 승객, 보육기(Incubator) 승객은 의사 소견서가 필요하며 지상 직원에게 인계한다.
- 32주 이상의 임산부는 의사 소견서가 필요하며 지상 직원에게 인계한다.

2) 비동반 소아(UM)

- 비동반 소아는 성인 동반인 없이 여행하는 소아를 의미한다.
- 국내선은 만 5세에서 만 13세 미만, 국제선은 만 5세에서 만 12세 미만의 소아가 해당한다.
- 객실 사무장은 도착 공항에서 지상 직원에게 비동반 소아 및 입국서류와 여권을 인계한다.

3) 추방자(Deportee) 및 무비자 입국 승객(TWOV, Transit Without Visa)

- 출발지 공항에서 지상 직원에게 여권, 항공권, 입국카드를 인계받아 해당 편명과 수량을 확인한다.
- 객실 사무장은 인수한 서류를 항공기 내에서 반환하지 않도록 하고 중간 기항지 공항 지상 직원에게 해당 승객을 인계할 때 서류도 함께 인계한다.
- 해당 국 출발 시 TWOV 승객 서류는 해당 국의 마지막 기항지를 출발한 후에 돌려준다.

잠깐! 점검해 볼까요?

01 항공기 출발서류 이해

1. 국내선 출발 시 필요한 서류를 정리해 보시오.

2. 국제선 출발 시 필요한 서류를 정리해 보시오.

03 항공기 설비 특이사항 기록

1. 객실 정비 일지(Cabin Discrepancy Log) 작성법을 기술해 보시오.

04 도착 전 지상 직원 인계 서류

1. 항공기가 목적지에 도착하여 항공기 Door Open 후, 객실 사무장이 운송 직원에게 인계하는 서류를 무엇이라 하는가?

Richard Baker / In Pictures / Getty Images

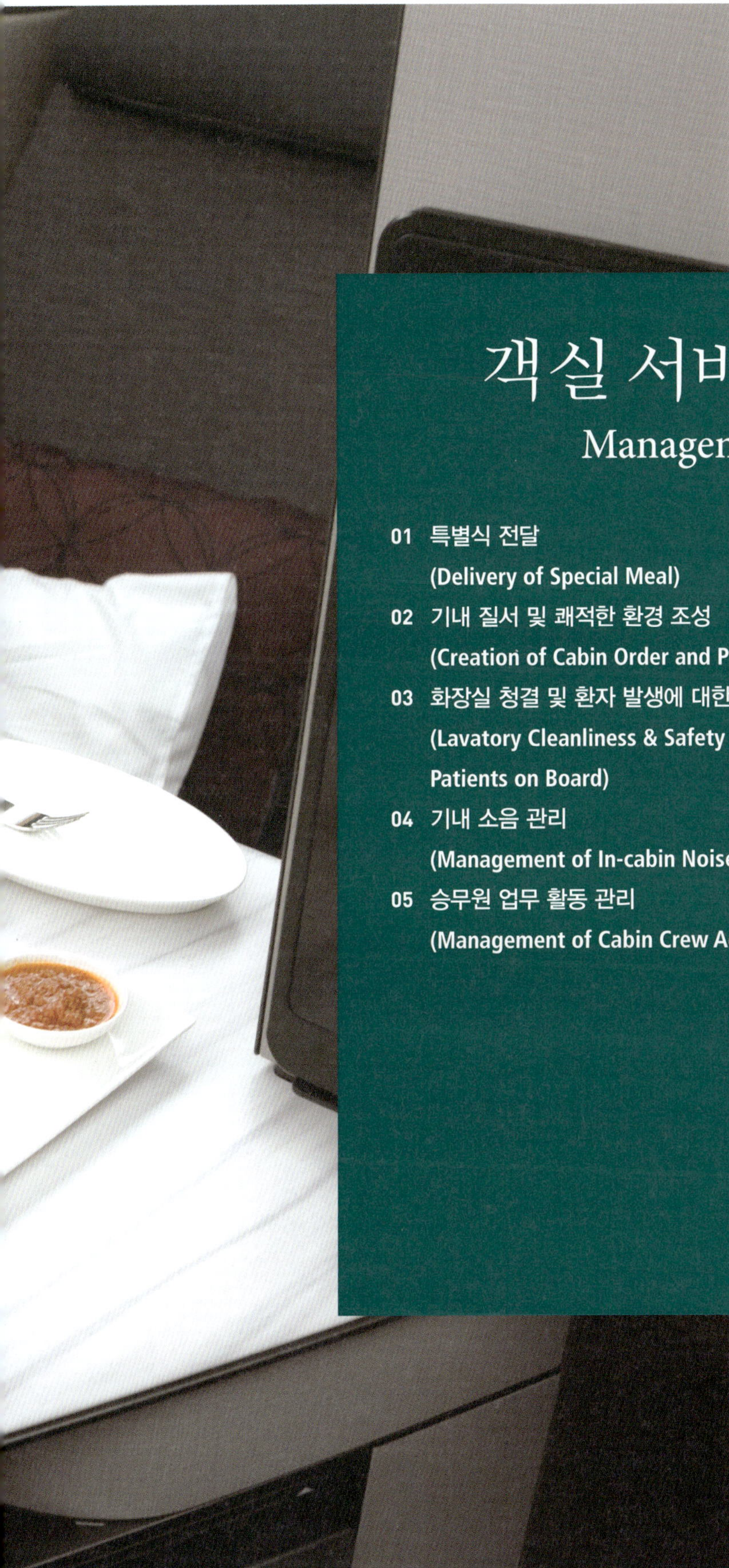

6

객실 서비스 관리하기

Management of Cabin Service

01 특별식 전달
(Delivery of Special Meal)

02 기내 질서 및 쾌적한 환경 조성
(Creation of Cabin Order and Pleasant Environment)

03 화장실 청결 및 환자 발생에 대한 안전사항 점검
(Lavatory Cleanliness & Safety Inspection in the Case of Patients on Board)

04 기내 소음 관리
(Management of In-cabin Noise)

05 승무원 업무 활동 관리
(Management of Cabin Crew Activities)

01

특별식 전달

Delivery of Special Meal

수행 준거

- 승무원 근무 규정에 따라 스페셜 식사는 객실 사무장이 직접 제공하면서 오전달이나 누락이 발생하지 않도록 재확인할 수 있다.
- 객실 서비스 규정에 따라 비행 중 기내 질서 유지 및 쾌적한 휴식 환경 조성을 위해 단체 승객에 의한 소란, 소음 등을 항시 점검할 수 있다.
- 객실 서비스 규정에 의해 화장실 청결 상태를 확인하며 비행 중에 발생할 수 있는 안전과 환자 발생에 대한 안전사항을 점검할 수 있다.
- 승무원 근무 규정에 따라 기내 소음에 대한 관리를 할 수 있다.
- 조리실(Galley) 내에서 작업 시, 통로(Aisle)를 걸어다닐 때, 승무원들 간의 대화, 컴파트먼트(Compartment), 카트(Cart), 캐리어 박스(Carrier Box) 등의 문을 열고 닫을 때, 객실 수하물 선반(Overhead Bin)의 손잡이를 열고 닫을 때 등 승무원을 관리 감독할 수 있다.

1. 스페셜 밀(Special Meal) 종류

종교, 건강, 아기(어린이) 동반, 기념일 등의 이유로 특별히 주문하는 식사이다. 객실 승무원은 지상에서 운송 직원으로부터 전달받은 SHR을 참고하여 해당 편수의 스페셜 밀의 종류와 개수를 확인해야 하며, 문제가 있을 경우 객실 사무장에게 즉시 보고한다.

종교식

종류	의미
HNML (Hindu Meal)	• 노 비프(No Beef) • 소고기나 송아지고기를 먹지 않는 힌두교도를 위한 기내식
MOML (Moslem Meal)	• 노 포크(No Pork) • 돼지고기를 먹지 않는 이슬람교도의 기내식
KSML (Kosher Meal)	• 유대 정교인의 종교 기내식 • 유대교 율법에 따라 조리하고 기도를 올린 음식 • 식기 재사용을 금하므로 일회용 기물을 사용하며, 밀봉된 상태로 탑재된다. 식사를 오븐에 데우기 전에 승객에게 반드시 허락을 받은 후 개봉하여 가열한다.

KSML 서비스 시 대화문

☞ SSR을 참고하여 승객의 좌석과 성함을 확인한다.

손님, KSML을 주문하신 ○○○ 승객이십니까?

식사 준비를 위해 개봉하고 데워도 되겠습니까? 감사합니다.

Excuse me. Did you request Kosher Meal?

May I unwrap this meal box, and heat it up for you? Thank you.

건강식

종류	의미
LFML (Low Fat Meal)	• 저콜레스테롤, 저지방 기내식 • 동맥경화증, 심장병, 고지혈증, 비만 등 성인병 환자를 위한 식사 • 음식 조리 시 기름에 튀기거나 볶는 대신 찌거나 굽는 방법을 사용한다.
DBML (Diabetic Meal)	• 당뇨식 • 열량, 단백질, 지방, 당질의 섭취량을 조절한 식사 • 식사량의 배분, 포화지방산의 섭취 제한 등을 고려한다.
LCML (Low Calorie Meal)	• 저열량식 • 다이어트 등의 이유로 400칼로리 미만으로 열량을 제한한다.
LPML (Low Protein Meal)	• 저단백질식 • 육류, 달걀 및 유제품 등 단백질 식품을 제한하여, 1일 단백질 섭취량을 40g 이하로 제한한다.
LSML (Low Salt Meal)	• 저염식 • 심장병, 고혈압 환자를 위한 식사 • 소금 및 소금이 포함된 제품을 사용하지 않고 만든다.

종류	의미
BLML (Bland Meal)	• 유동식 • 수술 후 회복 중이거나 위장 장애가 있는 환자를 위한 식사 • 일반적으로 죽을 제공한다.
GFML (Gluten Intolerant Meal)	• 식재료 내의 글루텐 함유를 엄격히 제한한다. • 글루텐 함량이 높은 보리, 밀, 호밀, 맥아, 귀리 등을 사용하는 대신 쌀, 감자, 고구마, 옥수수, 콩 등의 재료를 사용한다.
NLML (Low Lactose Meal)	• 유당 제한식 • 우유 내에 함유된 유당의 소화 장애가 있는 사람을 위한 식사 • 우유, 크림, 분유 등의 사용을 엄격히 제한한다.

야채식

종류	의미
VGML (Vegetarian Vegan Meal)	• 야채식 중 가장 엄격한 서양식 채식 기내식 • 어류, 가금류, 육류, 계란, 동물성 지방, 유제품, 꿀, 젤라틴을 사용하지 않고 주로 곡류, 야채, 과일이 제공된다.
VLML (Vegetarian Lacto-Ovo Meal)	• 서양식 채식 기내식 • 동물성 식품 중 계란과 유제품은 사용 가능하다.
VJML (Vegetarian Jain Meal)	• 엄격한 인도식 채식 기내식 • 생선류, 가금류를 포함한 모든 육류와 달걀, 유제품을 포함한 모든 동물성 식품과 양파, 마늘, 생강 등의 뿌리 채소를 사용하지 않는다.
VOML (Vegetarian Oriental Meal)	• 동양식 채식 기내식 • 생선류, 가금류를 포함한 모든 육류와 계란, 유제품은 사용하지 않고, 양파, 마늘, 생강 등 뿌리 채소는 사용이 가능하다. 주로 중식으로 조리한다.
AVML (Vegetarian Hindu Meal)	• 아시아식 채식 기내식 • 가장 일반적으로 주문하는 채식주의 기내식이다. • 생선, 가금류 등을 포함한 모든 육류와 계란은 불가하고 유제품은 가능하다.
RVML (Raw Vegetarian Meal)	• 방부제, 카페인, 중독성 가공식품을 사용하지 않고, 생과일과 생야채를 사용한다. • 빵과 유제품은 사용 가능하다.

영 · 유아 및 아동식

종류	의미
IFML (Infant Meal)	• 생후 12개월 미만 영아 기내식 • 액상분유, 아기용 주스 제공
BBML (Baby Meal)	• 생후 12~24개월 유아 기내식 • 이유식, 아기용 주스 제공
CHML (Child Meal)	• 만 2세 이상 12세 미만의 유아와 아동 기내식 • 햄버거, 치킨 너겟, 스파게티, 오므라이스, 샌드위치, 돈까스 등 제공
ICML (Infant/Child Meal)	• 생후 24개월 미만의 유아 기내식 • 신체 발육이 빨라서 어린이용 식사를 할 수 있는 경우에 제공 ☞ 식사 구성은 CHML과 동일

기타 특별식

종류	의미
SFML(Seafood Meal)	해산물 요리
FPML(Fruit Platter Meal)	과일로만 구성된 기내식
SPMA(Special Meal Anniversary)	기념일 및 생일 케이크

2. 스페셜 밀 점검 및 주문 승객 응대

- 승객 탑승 전 SHR을 확인하여 스페셜 밀의 종류와 수량을 파악한다.
- 탑재된 스페셜 밀을 확인하고 SHR과 비교하여 종류와 수량이 일치하는지 확인한다. 만약 일치하지 않는 경우, 케이터링 담당자와 사무장에게 보고하여 SHR과 동일하게 탑재되도록 조치한다.
- SHR과 일치하더라도 사무장에게 이상 없음을 보고한다.
- 승객 탑승 후, 해당 승객에게 스페셜 밀 주문 사실을 확인한다. 그다음 스페셜 밀 스티커에 승객의 좌석번호, 이름, 스페셜 밀 종류를 적고, 그 스티커를 승객의 좌석 머리 받침대(Head Seat Cover)와 스페셜 밀 Tray에 부착한다. 더불어 전달 오방지를 위해 자리를 옮겨 앉지 않도록 안내한다.
- 승객에게 식사를 제공하기 전에 다시 한번 스페셜 밀 주문 여부를 확인한 후 서비스한다.

☞ 스페셜 밀 점검 시 위의 순서를 따른다. 또 스페셜 밀은 일반 기내식보다 먼저 제공한다는 사실을 유념한다.

3. 스페셜 밀 미탑재 시 주문 승객 응대

- 승객이 사전 주문한 스페셜 밀이 탑재되지 않은 경우 담당 객실 승무원은 승객에게 정중히 사과한 후 객실 사무장에게 보고하여 추후 재사과할 수 있도록 한다.
- 객실 승무원의 잘못으로 일반 승객에게 스페셜 밀이 오전달된 경우 승객 취식 전이라면 스페셜 밀을 즉시 회수하고 일반 식사를 제공한다. 승객이 보는 앞에서 회수한 스페셜 밀을 원래 주문한 승객에게 재전달하지 않고 사과와

함께 가장 비슷한 대체 식사를 고려해 본다.

- 예약한 승객의 스페셜 밀이 탑재되지 않은 경우 승객에게 양해를 구하고 의향을 물어보아 가장 비슷한 대체 식사를 제공하며, 중간 기착지에서 환승하는 경우 사전에 연락하여 다음 구간에 정확히 탑재되도록 한다.
- 가능한 대체 음식을 권하되, 승객이 선택한 음식에 한해 제공하며 객실 승무원 임의대로 조리 및 가공하지 않는다.

MoreGallery / Shutterstock.com

FPML

Sorbis / Shutterstock.com

BLML

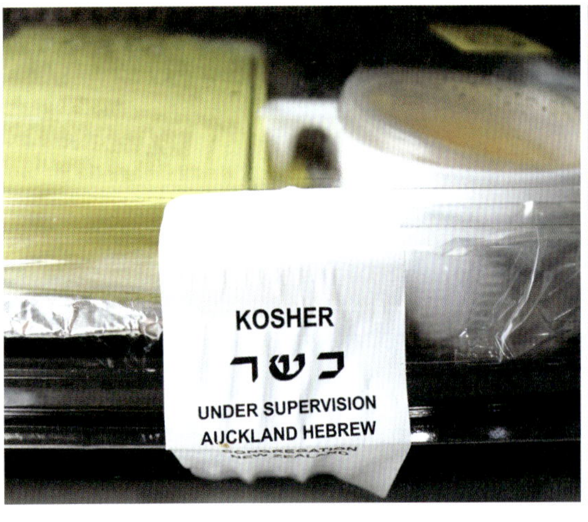

ChameleonsEye / Shutterstock.com

KSML

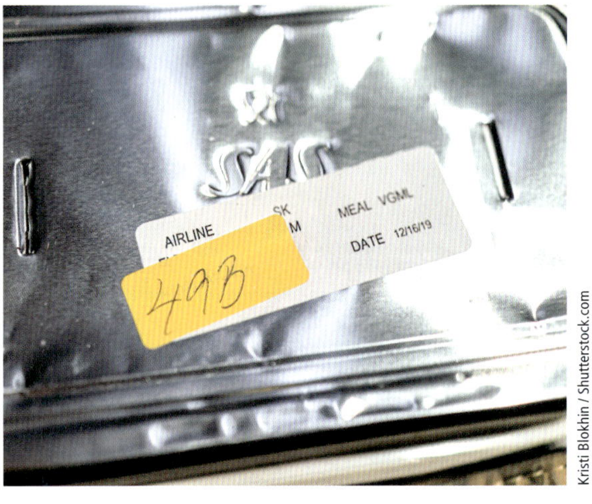

Kristi Blokhin / Shutterstock.com

VGML: 스페셜 밀 스티커에 49B 좌석번호가 기재됨

02

기내 질서 및 쾌적한 환경 조성

Creation of Cabin Order and Pleasant Environment

1. 기내 질서 유지

한정된 공간에 많은 수의 승객이 함께하는 비행기에서는 쾌적하고 안전한 비행을 위해 객실 승무원의 적극적인 관심과 조치가 요구된다. 비행기에서 발생할 수 있는 여러 가지 상황에 적절하게 조치하고 필요에 따라서는 기내 방송을 실시할 수 있다. 기내 질서 문란 행위는 '항공보안법 제23조 제1항'에 의거하여 벌금과 징역 처분을 받을 수 있다.

1) 단체 승객 소란 발생 시 대응 절차

단체 승객은 주위를 의식하지 않고, 목소리가 커지고 소란스러운 분위기로 발전할 가능성이 높다. 따라서 객실 사무장은 다음과 같이 단체 승객을 응대한다.

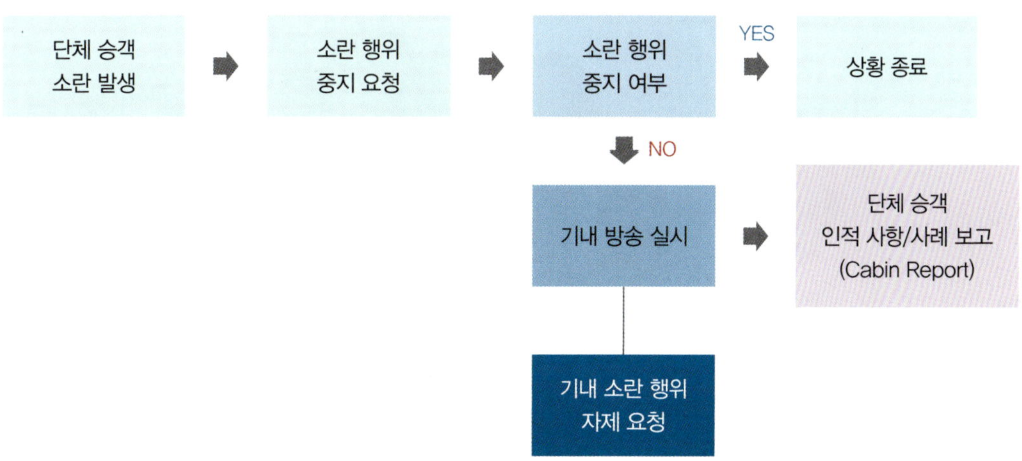

2) 단체 승객 소란 발생 시 응대 지침

- 단체 승객에게 주류 서비스를 할 경우 승무원들 간의 공유를 통해 과다하게 제공하지 않도록 한다.
- 비상구(Door) 주변에 서서 이야기하지 않도록 안내하고 비행 중 항상 좌석벨트 착용 상태를 유지하도록 한다.
- 주기적으로 기내를 순회하면서 주변 승객에게 불편한 점이 없는지 살핀다.

기내 소란 행위 자제 요청 방송문

안내 말씀 드리겠습니다.
비행 중 한곳에 모여 큰 소리로 오랫동안 이야기를 나누시면 다른 승객들의 불편을 초래할 수 있습니다.
승무원의 요청에 따라 좌석으로 돌아가 주시기 바랍니다.
여러분의 협조에 감사드립니다.

Ladies and gentlemen.
For the safety and comfort of all passengers on board, we ask you to refrain from making noise or gathering in large groups during the flight.
Please return to your seat as directed by cabin crew.
Thank you for your cooperation.

Hispanolistic / E+ / Getty Images

2. 기내 업무 방해 및 불법 행위

1) 기내 업무 방해 행위

승무원의 정당한 업무 행위를 방해하거나 승무원과 탑승객의 안전한 운항이나 여행을 위협하는 행위를 말한다. 또 항공보안법(제23조 승객의 안전 유지 협조 의무)을 위반하는 모든 위법 행위도 포함한다.

- 승무원과 다른 승객에 대한 폭행, 폭언, 협박, 위법 행위 등 일체의 소란 행위
- 음주와 약물 중독 상태에서 일으키는 기내 소란 행위(만취 행동 등)
- 승무원의 경고를 무시한 기내 안전 수칙 위반 행위(기내 흡연, 금지된 전자기기 사용 등)
- 승객 간 또는 승무원에 대한 성추행, 성희롱 행위 등
- 기장의 승낙 없이 조종실 출입을 기도하는 행위

경고장 내용 예시(K 항공사)

귀하는 승무원의 정당한 업무를 방해하고 있습니다.

이는 항공 안전 및 보안에 관한 법률에서 명시한 위법 행위이며, 동법에 의거하여 법적 처벌을 받을 수 있습니다.

승무원의 지시에 따라 즉시 중단하여 주십시오.

- 항공 안전 및 보안에 관한 법률이 금지하고 있는 기내 업무 방해 행위는 다음과 같습니다(항공 안전 및 보안에 관한 법률 제23호).
  1. 폭언, 고성방가 등 소란 행위
  2. 기내 흡연
  3. 주류나 약물을 음 · 복용하고 타인에게 위해를 초래하는 행위
  4. 성적 수치심을 유발하는 행위
  5. 기내 사용 금지 전자기기를 사용하는 행위
  6. 당사의 허락 없이 조종실 출입을 기도하는 행위
  7. 항공기 내에서 폭행, 협박 또는 위계 행위로 승무원의 정당한 직무 집행을 방해하여 항공기와 탑승객의 안전 운항이나 여행에 위협을 유발한 경우
- 경고 후 기내 업무 방해 행위가 지속될 경우 저희 승무원에 의해 공항 경찰에 인계될 수 있으며, 법적 처벌을 받게 됩니다(징역 및 벌금형).
- 손님의 행위와 관련하여 당사가 취한 일련의 조치에 의해 당사에 손해가 발생했을 경우 그 일체의 배상을 손님에게 청구합니다.

- 항공기가 착륙한 후 항공기 내에서 내리지 않고 항공기를 점거하거나 항공기 내에서 농성하는 행위

기내 업무 방해 행위 발생 시 승무원의 대응 절차

- 1단계: 설득과 요청
- 2단계: 구두 경고 또는 경고장 제시
- 3단계: 강력 대응(기내 업무 행위 발생 보고서 작성)

2) 기내 불법 행위

기내에서 발생할 수 있는 불법 행위는 다음과 같이 구분할 수 있다. 객실 사무장은 대응 절차를 잘 숙지하여 신속하게 판단하고 즉시 단계별 대응 절차를 지시해야 한다.

- 불법 방해 행위로 판단하여 경고(경찰 인계 예고), 피의 사실 고지(경찰 인계 및 처벌 고지), 체포 고지 시에는 서비스 응대가 아니므로 단호하고 강경한 태도와 음성으로 고지한다.
- 경고 및 고지는 법에 근거한 일방 통보로, 고지 이후에는 불법 방해 행위 승객과 불필요한 대화를 삼간다.
- 피의 사실 고지 후에도 상황이 악화될 경우에는 타 승객의 안전을 위해 신속하게 행위 악화에 상응하는 대응 절차를 수행한다.

기내 불법 행위 유형에 따른 대응 절차

1단계	
수상한 행위, 말로 위협하는 행위	대응 절차
• 성적 수치심 유발 또는 성추행 • 흡연 • 단순 소란 • 승무원, 기장의 정당한 지시에 불응 • 금지된 전자기기 사용 • 항공기 착륙 후의 기내 점거 또는 농성	1. 상황 저지를 위한 구두 조치 및 경고장 제시 2. 기장 보고 및 승무원 정보 공유 3. 승객들의 행동 예의 주시 4. 필요 시 청정구역 발동 선포

2단계	
신체적 폭력 행위	대응 절차
• '1단계' 불법 행위의 악화 • 폭행 • 출입문, 탈출구, 기기 등의 조작으로 항공기 보안이나 운항 저해 • 협박, 거짓 계략, 승무원 업무 방해	1. 보안장비로 신속 제압 및 구금 조치 ☞ 필요 시 주변 승객에게 도움 요청 2. 청정구역 발동 선포 후 해당 지역 차단 3. 기장 보고 및 승무원 간 정보 공유 4. 승객들의 행동 예의 주시

3단계	
생명 지장 초래, 목숨 위협 행위	대응 절차
• '2단계' 불법 행위의 악화 • 무기를 사용하여 사람 위협	1. 보안장비로 신속 제압 및 구금 조치 ☞ 필요 시 주변 승객에게 도움 요청, 완력으로 불법 행위자 제압 2. 청정구역 발동 선포 후 해당 지역 차단 3. 기장 보고 및 승무원 간 정보 공유 4. 승객들의 행동 예의 주시 5. 폭발물, 생화학 의심물질 발견 시 처리 절차 이행

4단계	
조종실 침범, 침범을 시도하는 행위	대응 절차
• '3단계' 불법 행위의 악화 • 항공기 납치나, 납치 시도 • 항공기 파손이나 손상 • 사람을 인질로 삼아 겁박	1. 보안장비로 신속 제압 및 구금 조치 ☞ 필요 시 주변 승객에게 도움 요청, 완력으로 불법 행위자 제압, 가용 자원과 물리적 힘을 총동원하여 위협 요인 제거 2. 청정구역 발동 선포 후 해당 지역 차단 ☞ 물리적 힘을 총동원하여 조종실 방어 3. 기장 보고 및 승무원 간 정보 공유 4. 승객들의 행동 예의 주시 5. 폭발물, 생화학 의심물질 발견 시 처리 절차 이행

현장 사례

만취 승객의 기내 업무 방해 행위

사례 내용

40대 남자 승객이 담당 승무원에게 네 차례 이상 위스키를 요청하여, 승무원이 '객실과의 환경 차이로 인해 지나친 음주가 해롭다'고 설명하며 승객의 요청을 거부했습니다. 그래도 승객은 담당 승무원이 아닌 다른 승무원에게 번갈아 가며 위스키를 지속적으로 요청했습니다. 술에 만취한 승객은 고성으로 욕설하며, 위협적인 행동으로 주변 승객에게 불안감을 조성했습니다. 이를 보고받은 객실 사무장은 경고장을 제시했습니다. 그럼에도 승객은 이륙 후 8시간이 지난 시점에서 지속적으로 호출 버튼을 누르며 술을 가져올 것을 강요했고, 제지하는 승무원을 구타하며 좌석 위로 올라가 승객들을 향해 소리까지 질렀습니다.

발생 원인

- 승무원 간에 술에 취한 것으로 보이는 승객에 대한 정보 공유가 이루어지지 않았음.
- 기내 업무 방해 행위 유형 1단계가 지속되면 강력하게 2단계 대응을 해야 하나 '구두 경고 또는 경고장 제시'로 대응했음.

해결 방안

- 술에 취한 것으로 보이는 승객이 있을 경우 그 상황에 대해 객실 사무장에게 보고하고 다른 승무원들과 정보를 공유해야 함.
- 기내 업무 방해 행위 유형에 따른 행위 발생 시 승무원의 대응 절차를 반드시 숙지하여 승객의 기내 업무 방해 행위에 적절히 대응해야 함.
- 기내 난동 승객 발생 시, 이로 인해 주변 승객에게 불편함이 발생하지 않도록 해야 함.

3. 유 · 소아 동반 승객 응대

유 · 소아 승객은 비행 중 통제하기 어려운 여러 상황이 발생할 수 있어 보호자나 주위 승객들이 어렵거나 불편한 일이 생길 수 있다. 유 · 소아 동반 승객이 탑승하면 담당구역 승무원은 보호자에게 자기 소개를 하고, 보호자가 요청하면 언제든지 적극적으로 도울 수 있음을 안내한다. 유아용 요람(Baby Bassinet) 제공 사실과 필요 여부를 파악하고, 이륙 후 장착한다.

이륙 시 기압 차이로 인해 아기가 울 수도 있음과 생수(또는 우유) 등을 먹이는 것이 효과가 있음을 안내한다. 쓰레기를 담을 수 있는 비닐봉지를 제공하고 수시로 치운다. 좌석을 뒤로 젖히는(Reclining) 방법, 팔 받침대 사용법, 호출 버튼 위치와 사용법, 기저귀 교환 장소 등 기내 설비도 설명하여 필요할 때 바로 이용할 수 있도록 한다.

객실 승무원은 지속적인 관심을 보여 보호자, 아기와 친밀해지도록 한다. 비행 중 아기가 울 경우 보호자가 당황하여 성급히 아기를 달래려고 하다가 아기가 더 크게 울 수도 있으므로 먼저 보호자를 안심시키고 아기가 우는 상태를 살펴 적절한 조치를 취할 수 있도록 협조한다. 수시로 보호자와 대화를 하여 아기와 보호자가 불편하지 않도록 배려한다.

아기가 오랜 시간 우는 경우 주위 승객이 불편할 수 있으므로, 양해를 구하고 귀마개(Earplug)를 제공한다. 만약 보호자가 우는 아기를 계속 방치하는 경우 승무원은 보호자가 적극적으로 아기를 돌볼 수 있도록 설득하고 도와준다.

RUBEN M RAMOS / Shutterstock.com

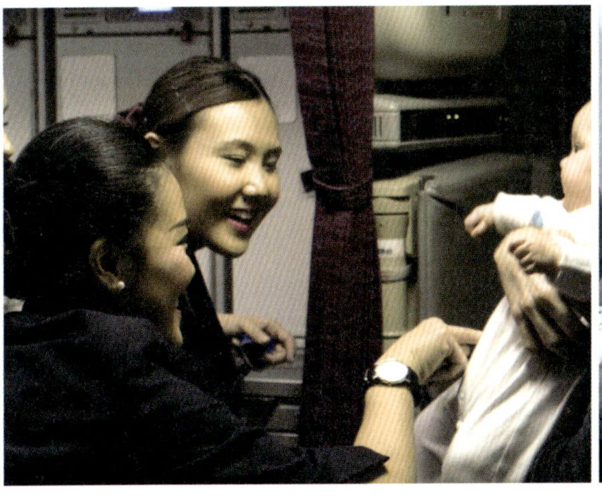

유아용 요람(Baby Bassinet)

보호자가 달래도 아기가 울음을 그치지 않아 주변 승객의 휴식을 방해하는 경우, 보호자가 주변 승객 좌석과 분리된 Galley, 기내 후방 등의 장소로 이동하여 아기를 달래도록 유도한다.

4. 객실 온도 점검

기내 적정 온도는 24±1℃로 비행 중 항상 이 온도가 유지되도록 한다. 객실에 온도 조절 패널이 있는 경우 객실 승무원이 온도를 조절하며, 객실에 온도 조절 패널이 없는 경우 조종실에 연락하여 조절한다. 기내에서는 개인마다 느끼는 적정 온도가 다르므로 담요와 따뜻한 음료 등을 제공하여, 승객의 불편에 적극적으로 대처한다. 비상구 주변은 다른 구역보다 온도가 더 낮을 수 있으므로 지속적으로 관심을 가진다.

5. 객실 조명 점검

객실 조명은 서비스 시점에 따라 달리할 수 있으며, 사무장의 판단하에 유연하게 조절할 수 있다. 승객 탑승과 하기, 식사 서비스 시에는 객실 조명을 가장 밝게 하는 것(Full Bright)이 원칙이나 비행시간대를 고려하여 심야편 같은 경우에는 Medium이나 Dim으로 조절하여 운영할 수 있다.

일등석에서 On-demand Meal 서비스 방식으로 식사를 제공하는 경우, 다른 승객의 휴식을 고려하여 취식 승객에게 안내한 후 객실 조명을 어둡게 한 상태에서 개인 조명을 이용하여 서비스할 수 있다. 기내 판매 시에도 조명을 Full Bright로 유지하는 것이 원칙이지만, 20시 이후 심야 출발편인 경우 Dim으로 조절하여 판매할 수 있다.

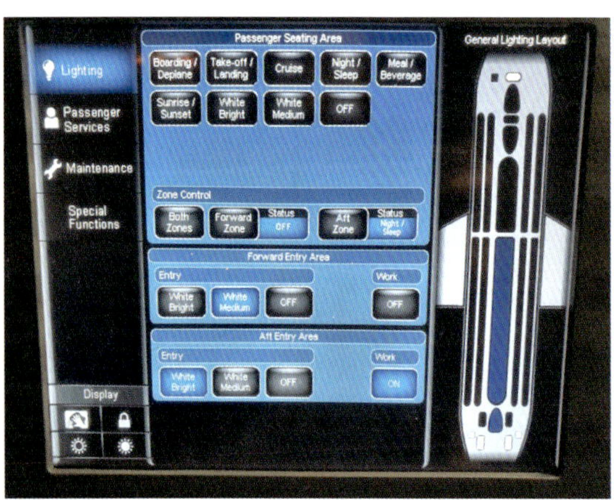

B373 기종 Cabin Attendant Station Panel(기내 승무원 조절 패널)

식사 서비스를 마친 승객 휴식 시점에서는 객실 조명을 완전히 끄고(Night), 승객 개인 독서등을 이용하도록 안내한다. 승객 휴식 후 두 번째 식사를 제공하기 위해 다시 Full

Bright로 조절하는 경우에는 승객이 조도에 적응하도록 Dim 상태를 3~4분 정도 유지한 후, 단계적으로 약 20초 정도의 시간을 두고 밝기를 조절한다.

6. 기내 청결 점검

객실 승무원은 비행 중 화장실, 갤리(주방) 주변, 통로(Aisle)를 수시로 정리하여 객실 상태가 청결하게 유지되도록 한다. 승객 좌석 주머니(Seat Pocket) 안의 사용한 컵이나 불필요한 물건을 치울 때는 반드시 승객의 의향을 확인하고, 치워도 된다고 수락하는 경우에만 치우도록 한다. 화장실은 수시로 공기 청정 방향제로 화장실 악취를 제거해야 하며 비행 중 객실 내 심한 오염이 발생한 경우에는 객실 사무장이 CDL에 기재하여 도착 후 객실 정비사나 기내 청소 담당 조업자에게 해당 내용을 전달하여 해결되도록 조치한다.

잡지꽂이(Magazine Rack)에서 신문과 잡지 외 물건을 제거하고 비행 중 항상 정돈된 상태를 유지한다. 특히 첫 번째 식사 서비스 종료 후와 두 번째 식사 서비스 전에는 승객이 화장실을 많이 이용하고, 쓰레기도 많이 나오므로 더 유의하여 객실 통로를 깨끗이 정리정돈한다. 승무원은 늘 쾌적한 객실 분위기 조성을 위해 세심한 노력을 기울여야 한다.

Aisle Cleaning

통로(Aisle)에 떨어진 쓰레기, 승객 좌석 주머니 속에 정리되지 못한 서비스 용품(사용한 컵, 헤드폰 포장 비닐) 등을 치워 통로를 청결하게 관리하는 일이다. 이때는 앞치마를 벗고 비닐장갑을 착용하며, 카페트 전용 청소솔을 이용한다.

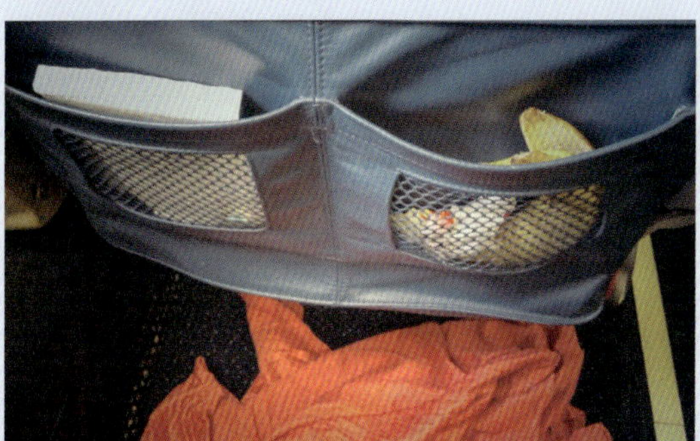

Katie Dobies / iStock / Getty Images Plus

Seat Pocket 안과 좌석 주변의 쓰레기

First Class Photography / Shutterstock.com

정돈된 기내 잡지와 신문

03

화장실 청결 및 환자 발생에 대한 안전사항 점검

Lavatory Cleanliness & Safety Inspection in the Case of Patients on Board

1. 화장실 관리

비행 중 화장실은 고장 난 설비가 있는지, 부족한 용품이 있는지, 바닥이 물기로 인해 미끄럽지는 않은지, 청결 상태 등을 지속적으로 확인하고, 부족한 물품을 수시로 보충한다. 화장실 내부 점검 후에는 방향제(Air Freshener)를 스프레이한다. 특히 화장실 집중 이용 시간대인 Meal Tray 회수 종료 직후와 두 번째 식사 서비스 전의 각 30분 동안은 승객 휴식시간대보다 더 자주 화장실을 점검한다.

객실 승무원은 위생을 고려하여 비닐장갑을 착용하고 점검하도록 하며, 앞치마를 입고 화장실에 들어가지 않도록 유의한다. 화장실은 흡연 승객과 환자 승객이 발생할 수 있는 공간이므로, 더욱 관심을 가지고 점검하도록 한다. 만약

고장 난 화장실을 발견하면 외부에서 화장실 문을 잠그고 문에 '수리 중(Repair Tag)'을 부착하여 승객이 더 이상 화장실을 이용하지 않도록 조치한다.

화장실 Checklist

- 세면대와 거울이 깨끗한가?
- 변기가 깨끗한가?
- 바닥에 물기가 있지는 않은가?
- 화장실 비품이 채워져 있는가?
- 변기 뚜껑과 쓰레기통 입구가 닫혀 있는가?
- 기저귀 교체용 테이블이 깨끗한가?
- 연기 감지기(Smoke Detector)가 정상 작동하는가?
- 물 내림 장치가 정상 작동하는가?

1) 화장실 용품

화장실 용품에는 칫솔, 스킨, 로션, 구강 청정제, 두루마리 화장지, 변기 커버, 티슈, 종이 타월, 양치컵 등이 있다. 화장실 용품은 각각 다음의 방법으로 정리하여 부족분을 보충하고 청결하게 관리하도록 한다.

- 화장실 용품(로션, 칫솔, 구강 청정제 등)을 화장실 선반이나 지정된 장소에 로고가 바로 보이도록 배열하고, 스킨과 로션 등은 입구를 열림 상태로 돌려 놓아 배열한다.
- 두루마리 화장지는 사용하기 쉽고 보기도 좋게 끝쪽을 앞으로 하여 삼각형으로 접어 둔다.
- 티슈를 새것으로 교체할 경우, 미리 한 장을 절반 정도 뽑아 놓아 승객이 쉽게 이용하도록 한다.
- 화장실 내 컴파트먼트에 여분의 화장실 용품을 충분히 비치한다.
- 양치컵이 부족하지 않은지 확인한다.

2) Smoke Detector(연기 감지기, 화재 발생 감지기)

화재 발생을 방지하기 위해 기내 화장실에서도 금연이 법으로 규정되어 있다. 따라서 연기를 감지하는 Smoke Detector가 화장실 내부 천장에 설치되어 있다.

연기가 감지되면 Smoke Detector는 경고음을 울리고, 경고음이 울리면 경고등도 점등된다. 화장실 점검 시 Smoke Detector에 이물질이 끼었는지 여부를 확인한다.

3) 변기

화장실의 변기는 수세식(Water Flushing Type)과 진공식(Vacuum Type)으로 구분된다. 수세식은 물을 이용한 방식으로 구형 항공기에 설비되고, 진공식은 기내 압력과 탱크 압력 차(항공기 외부 압력과 같은 저압력)를 이용하여 흡입하는 방식으로 신형 항공기에 장착되어 있다. Flushing(물 내림) 버튼을 눌러 작동에 이상이 없는지 확인하고, 변기 커버 유무를 확인한다.

4) 수도꼭지

배수구에 이상이 없는지, 물 공급이 원활한지 확인한다. 수도꼭지는 기종에 따라 물을 틀고 난 뒤 자동으로 잠기는 방식과 수동으로 여닫는 방식으로 구분된다.

5) 기타 화장실 관리

물비누

수도꼭지 옆의 물비누를 눌러 보아 내용물이 잘 나오는지 확인한다.

쓰레기통

쓰레기통은 입구가 닫혀 있어야 하며, 안에 내용물 처리가 잘 되었는지 확인한다.

거울

물이 튀어 거울에 물 자국이 남은 경우 핸드타월로 닦는다.

세면대

물이 잘 내려가는지 확인하고, 물기가 있을 경우 핸드타월로 닦는다.

2. 화장실 안전관리 점검 요령

화장실은 밀폐된 공간으로 환자가 발생하거나 흡연으로 인한 화재가 일어나기 쉬운 곳이다. 따라서 승무원은 비행 중 수시로 화장실의 인전사항을 점검하고 관리해야 한다. 화장실 안전사항은 다음 순서에 따라 점검한다.

- 승객 탑승 전 보안 점검표를 이용하여 점검한다.
- 연기 감지기(Smoke Detector)가 정상 작동하는지 확인한다.
- 비행 중 주기적으로 화장실을 점검하여 특이사항이 없는지 확인한다.
- 화장실 금연 규정을 확인한다.

화장실 금연 규정

- 기내 흡연은 항공보안법으로 처벌받을 수 있다.
- 승객의 흡연을 발견한 경우 휴지통, 연기 감지기 등을 점검해야 하며 승객의 흡연을 즉시 중단시켜야 한다.
- 승객의 흡연 사실을 기장에게 보고해야 하며, 필요한 조치를 취해야 한다.
  ☞ 공항 보안 관계자에게 인계할 수 있으나 최종 결정권은 기장에게 있다.

- 연기 감지기 작동 시 조치사항을 따른다.

연기 감지기(Smoke Detector) 작동 시 조치사항

- 화재 발생 감지기는 화장실에서 발생하는 연기를 감지하고 경보 신호를 송출하여 화재 발생 사실을 조기에 감지하게 하는 장치이며 모든 화장실에 장착되어 있다.
- 화재 발생 감지기가 작동하는 경우 즉시 해당 화장실 화재 여부를 점검한다.
- 화장실 화재 여부의 단계별 점검 순서

화장실 내 승객 유무 확인 ▶ 담배꽁초 불씨가 완전히 제거되었는지 육안으로 확인 ▶ 흡연 승객에게 경고 ▶ 필요한 조치 실시

- 화장실 화재 처리 절차를 확인한다.

Wirestock / iStock / Getty Images Plus

화장실 안에 승객이 있는 경우 점검 순서

- 화장실 안에 있는 승객에게 담배를 끄도록 지시한다.
- 연기를 제거하기 위해 화장실 문을 열어 놓는다.
- 승무원은 담배꽁초가 완전히 꺼졌는지 눈으로 확인한다.
- 승객에게 흡연은 기내 불법 방해 행위임을 경고한다.
- 기장에게 보고하고 다른 승무원과 정보를 공유하며 지속적으로 확인한다.

화장실 안에 승객이 없는 경우 점검 순서

- 화장실 문에 손을 대고 열기를 감지한다.
- 문을 닫아 둔 상태에서 화재 장비를 신속히 준비한다.
- 화장실 문을 조심스럽게 열고 문틈 위아래로 할론(Halon) 소화기를 분사한다.
- 화재 진압 후 물 소화기를 이용하여 불씨를 완전히 제거한다.
- 화재 진압부터 종료 시까지 기장에게 통보하고 화장실을 폐쇄한다.

3. 환자 발생 대처 방법

기내에서 환자 발생 시 다음과 같은 방법으로 대처한다.

1) 상황 판단

기내에서 응급환자가 발생한 경우, 최초로 응급환자를 발견한 승무원은 신속하고 정확하게 상황 판단을 해야 한다. 먼저 승객을 안정시키고, 도움이 필요한지 승객에게 확인하며, 승객이 소지한 의사소견서나 Medical Alert Symbols(메디컬 경고 표식) 등을 확인하여 환자에 대한 의료 정보를 습득하고 환자 상태를 파악한다. 이때 다음 순서를 따른다.

Medical Alert Symbols(메디컬 경고 표식)

환자가 가진 병력을 표기하여 응급 상태 발생 시 응급처치 시행자가 쉽게 확인할 수 있도록 증명하는 그림으로 팔찌형과 목걸이형 등이 있다.

duckycards / E+ / Getty Images

Triton21 / iStock / Getty Images Plus

fstop123 / iStock / Getty Images Plus

팔찌형 Medical Alert Symbols

- 환자에게 승무원임을 밝히고 승객의 안정을 도모한다.
- 환자에게 도움이 필요한지 확인하고, 기내 의료 지원에 대한 동의를 구한다. 승객에게 의식이 없는 경우에는 동의를 받은 것으로 간주하고 절차대로 진행한다.
- 의사소견서나 소지한 의약품, Medical Alert Symbols가 있는지 확인하여 환자 병력을 파악한다.

EMCS

Emergency Medical Call System의 약자이다. 기내에 의사가 없어 진료가 불가하거나 불충분할 때 기내 상황에 특화된 교육을 받은 응급의학과 전문의에게 24시간 응급의료 지원을 받는 시스템이다.

2) Communication

응급환자가 발생하면 승무원 간의 신속하고 정확한 팀워크가 요구되는데, 팀워크는 동시다발적으로 이루어져야 한다. 최초 응급환자를 발견한 승무원과 도움을 요청받은 승무원, 사무장, 기장, 경우에 따라서는 응급의료 콜 시스템(EMCS)과 도착지 운송 직원까지 상호 협조하는 소통과 협업이 절실히 필요하다.

3) ABC Servey

ABC 조치란 응급환자의 위급성을 판단하기 위해 실시하는 응급처치의 기초 단계로 환자의 기도, 호흡, 심장 운동을 확인하는 절차를 뜻한다. 객실 승무원은 다음을 확인하고 필요한 응급처치를 수행한다.

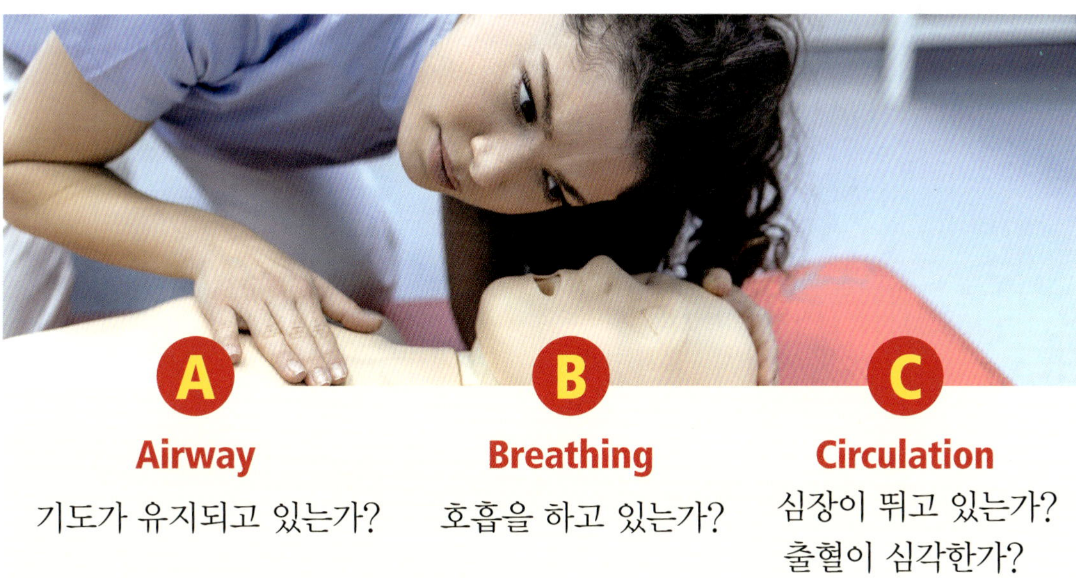

기내 응급환자 발생 시 초기 대응과 닥터 페이징

기내 응급환자 발생 시 초기 대응

최초 응급환자 발견 승무원

- 주위 승무원에게 도움 요청
- 환자의 상태 파악 & 승객의 과거 병력, 의료 정보 수집(소지한 의약품, 의사소견서, Medical Alert Symbols 확인)
- 응급처치 실시

도움을 요청받은 승무원

- 사무장과 기장에게 보고 및 Doctor Paging 실시(의사 호출)
  ☞ 의사 또는 'Medical Doctor'라는 호칭으로 호출. 의사 부재 시 의료인, 응급 구조사 또는 'Medical Professional'이라는 호칭으로 재호출
- 기내 의료장비 준비
  ☞ EMK, FAK, AED, Resuscitator Bag, UPK, PO2 Bottle, 자동 혈압계 등
- 최초 응급환자 발견 승무원을 도와 응급처치 실시
- 응급의료 콜 시스템(EMCS) 원격 진료에 대비하여 '승객 건강상태 체크리스트'를 시간대별로 나눠 조치사항 기록

기록할 내용

- 응급환자 좌석번호와 인적 사항(성별/나이)
- 승객의 의식 상태와 현재 상태, 조치사황, 경과
- 산소 사용 여부를 포함한 장비 사용 내역 등
- 응급환자의 과거 병력과 현재 복용 중인 약품, 응급조치 시 사용한 약품
- 동반자 유무

응급처치 시 준수사항

- 승무원의 안전을 확보한다.
- 승무원의 신분을 반드시 밝히고 응급처치 동의를 구한다.
- 환자의 생사 판정은 절대로 하지 않는다.
- 승무원의 개인 소지 의약품을 사용하지 않는다.
- 승무원은 응급처치로 그치고 전문 의료 요원의 처치에 맡긴다.

출처: NCS 홈페이지(https://www.ncs.go.kr)

기내 응급환자 발생 시 닥터 페이징

의료인 기내 탑승 시

- 응급처치 협조를 요청한다.
- 의료인임을 증명할 수 있는 증명서 또는 명함을 확인한다.
  ☞ 의사임을 증명할 수 없는 경우 기장에게 보고 후 지시에 따름
- 의료인에게 기내 의료장비와 약품을 제공하고 응급처치를 보조한다.

의료인 기내 미탑승 시

응급의료 콜 시스템(EMCS) 원격 진료를 요청한다. EMCS 진료 요청 시 다음을 요청한다.

- 환자 승객 인적 사항
- 증상
- 환자 승객의 의식 상태, 활력징후, 산소 사용 여부
- 환자 승객의 과거 병력, 복용 중인 약품명
- 도착 시 필요한 의료 지원 형태

닥터 페이징 시 참고사항

- 의료인의 법적 범위는 의사, 한의사, 치과의사, 간호사, 조산사에 한한다.
- 응급환자 주변에 다른 승객들의 불필요한 접근을 금한다.
- 기내에 의료인이 탑승했다 해도 필요에 따라 EMCS 원격 진료를 요청할 수 있다.

응급환자 발생 시 응급처치 흐름도

환자 발생

환자의 반응과 호흡 확인

Yes

활력징후(Vital Sign) 확인

- 혈압, 체온 등 활력징후와 안색
- 팔, 다리, 움직임, 오한 등 증상 확인
- 증상에 따른 적절한 응급처치 실시
- 필요한 경우 기도 유지 및 호흡 여부 지속 확인

활력징후 정상 수치

- 맥박 : 60~100회/분
- 호흡 : 12~20회/분
- 체온 : 36.5~37.2℃
- 혈압 : 90~140/60~90mmHg

환자의 의식과 호흡이 있는 경우 회복 자세로 변경

NO

도움 요청

환자를 편평한 바닥에 눕히기

CPR(심폐소생술) 실시

- 가슴 압박 : 인공호흡 비율 30 : 2(5cycle/2분)
- 필요 장비 : AED, EMK, FAK, UPK, PO2, Resuscitator Bag 등

AED(자동제세동기) 도착

리듬 확인 : 제세동이 필요한가?

NO

CPR 지속적으로 실시 및 2분마다 환자 상태 확인

Yes

제세동 1회 시도 즉시 CPR 반복

4) Secondary Servey(후속 조치)

발병 당시에는 환자의 상태가 위중하지 않지만 그대로 방치하면 심각한 상황으로 진행될 수 있는 질병을 미연에 방지하기 위해 실시하는 절차이다.

- 환자 및 주변 승객들과 면담한다.
- 환자 상태를 확인한다(활력징후, 안색 등).
- 상처, 질병, 건강 상태를 계속 확인한다.
- 응급처치 내용을 순서별로 기록한다.

4. 난기류 대처 방법

1) Turbulence 시 대응 절차

- 모든 승객은 Fasten Seatbelt Sign의 점등 여부와 상관없이 좌석에 앉아 있는 동안에는 항상 좌석벨트를 착용해야 한다.
- 객실 승무원은 운항 승무원이 Moderate/Severe Turbulence 시 Fasten Seatbelt Sign을 2회 'ON/OFF'하거나, 객실에 직접 PA로 "승무원, 착석하십시오"라고 지시할 경우, 즉시 Jumpseat에 착석하여 Seatbelt와 Shoulder Harness를 착용한다. 운항 승무원의 별도 지시가 있을 때까지 착석 상태를 유지한다.
- Fasten Seatbelt Sign이 점등되면 즉시 Turbulence 방송을 실시하고, 비행 중에는 '좌석벨트 상시 착용 안내 방송'을 실시한다.
- Fasten Seatbelt Sign이 장시간 점등되어 승객들이 좌석벨트 착용 상태를 유지하지 않는 경우, 주기적으로 반복하여 방송을 실시한다.
- 조명 조절 및 커튼 개방은 시야 확보를 위해 필요한 경우 실시한다.
- 방송이 실시되면 승무원은 곧바로 담당구역 승객의 좌석벨트 착용 상태를 점검한다.

2) Turbulence 수준별 객실 승무원의 행동 지침

구분	경미(Light)	중간(Moderate)	심각(Severe)
기내 현상	• 음료수가 컵 안에서 찰랑거린다. • 승객 복부가 좌석벨트에 약간의 압박을 받는다. • 카트 이동이 약간 어렵다.	• 음료수가 컵 밖으로 넘친다. • 승객 복부가 좌석벨트에 의해 압박을 받는다. • 기내 보행이 어렵다. • 기내 시설을 잡지 않고 서 있기 어렵다. • 카트를 움직이기 어렵다.	• 물건들이 바닥으로 떨어지거나 튀어오른다. • 승객 복부가 좌석벨트에 의해 강하게 조인다. • 기내 보행 및 서비스가 불가능하다.
행동 지침			
신호	Fasten Seatbelt Sign 1회	Fasten Seatbelt Sign 2회	
기내 서비스	• 조심스럽게 서비스를 계속한다. • 뜨거운 음료를 서비스할 때 주의한다.	• 서비스를 중단한다. • 카트 상단의 물건을 고정한다. • 카트를 Compartment에 보관한다(오래 지속되는 경우).	• 서비스를 즉시 중단한다. • 카트의 브레이크를 신속히 밟는다.
좌석 벨트	• 승객의 좌석벨트 착용 여부를 확인한다. • 화장실 내 승객 유무를 확인한다.	• 즉시 Jumpseat에 착석한다. • Jumpseat로 가는 동안 승객의 좌석벨트를 육안으로 확인한다. • 가능한 경우 화장실 내 승객 유무를 확인한다.	• 가장 가까운 빈자리에 앉는다. • 승객의 좌석벨트 착용 상태를 무리하게 확인하지 않는다.
기내 방송	객실 사무장(또는 객실 승무원)이 실시한다.		
기내 조명	• 객실 조명이 Off인 경우 좌석벨트 착용 확인을 용이하게 하기 위해 필요 시 Dim으로 조절한다. • 영화 상영 시나 승객 수면 시 Galley 커튼을 열어 둔다.		

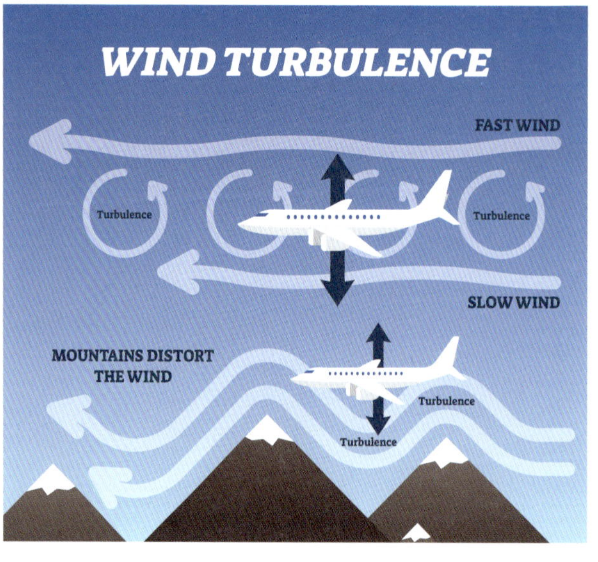

3) Turbulence 방송

Turbulence 1차 방송

손님 여러분,
비행기가 흔들리고 있습니다.
좌석벨트를 매 주시기 바랍니다.

Ladies and gentlemen.
We are experiencing turbulence.
Please return to your seat and fasten your seatbelt.

Turbulence 2차 방송

손님 여러분,
비행기가 계속해서 흔들리고 있습니다.
좌석벨트를 매셨는지 다시 한번 확인해 주시고 화장실 이용을 삼가시기 바랍니다.

Ladies and gentlemen.
We are continuing to experience turbulence.
For your safety, please remain seated with your seatbelt fastened.

Turbulence 3차 방송

지금 비행기가 심하게 흔들리고 있어 잠시 기내 서비스를 중단하겠습니다.
기류가 안정되는 대로 서비스를 다시 시작하겠으니 양해해 주시기 바랍니다.

Ladies and gentlemen.
We must also suspend cabin service until conditions improve.
Thank you for your understanding.

Turbulence 후 서비스 재개 시

손님 여러분,
기류 변화로 인해 비행기가 (다소, 많이) 흔들렸습니다.
하지만 지금은 기류의 영향권에서 벗어나 정상 운항하고 있으며 안전에는 문제가 없으니 안심하시기 바랍니다.
곧 식사 및 음료 서비스가 계속되겠습니다.

Ladies and gentlemen.

Thank you for your patience.

We will now be resumming our meal, beverage service.

Please enjoy the rest of the flight.

CAT 또는 Severe Turbulence 경과 후

손님 여러분,
조금 전 예기치 못한 기류 변화로 비행기가 심하게 흔들렸습니다.
이 점 널리 양해해 주시기 바라며 도움이 필요한 분이 계시면 저희 승무원에게 말씀해 주십시오.

Ladies and gentlemen.

The turbulence we just experienced was quite rare and unexpected and we are now out of this area.

Please keep your seatbelt fastened at all times and if you need any assistance, please ask our cabin crew.

Thank you.

CAT

Clear Air Turbulence의 약자로 천청난류라고 한다. 구름 한 점 없는 맑은 날 예고 없이 발생하는 난기류로, 조종사들 사이에서는 '마른하늘의 날벼락'으로 불린다. CAT은 예측이 불가능하기 때문에 항상 조심해야 한다.

CAT 대비 승객의 좌석벨트 상시 착용 안내

- Seatbelt Sign Off 시에도 좌석벨트 상시 착용을 안내하고 철저히 확인한다.
- 기류가 불안정한 지역을 통과할 때는 승객이 휴식을 취하기 전에 좌석벨트를 매도록 안내한다.
- 승객이 담요를 덮고 있는 경우에는 담요 위로 좌석벨트를 착용하도록 권유한다.

04

기내 소음 관리
Management of In-cabin Noise

비행 중 기내에는 다양한 소음과 진동이 발생한다. 기내 방음 처리 및 소음 감소 장치 등으로 소음이 객실로 직접 전달되지는 않지만, 객실 승무원이 갤리(Galley)에서 작업할 때 생기는 소음, 비행기 날개 주변에서 발생하는 소음, 화장실 소음 등으로 승객이 불편을 느낄 수 있다. 소음이 발생하기 쉬운 좌석의 승객에게는 귀마개(Earplug)와 안대 등을 제공하고 수시로 승객에게 불편한 점이 있는지 확인한다.

1. 기내 소음 발생 요인

여러 가지가 있지만 갤리 작업 시, 항공기 날개 주변 좌석, 유아 동반 승객 주변, 물 내림 소리가 잦은 화장실 주변 좌석, 통로 보행 시, 오버헤드 빈을 여닫을 때로 나누어 소음의 발생 요인과 관리 방법을 살펴본다.

1) 갤리(주방) 작업 시

갤리에서 작업할 때는 반드시 커튼을 닫고 소음이 발생하지 않도록 각별히 유의하며 작업하도록 한다. 갤리 내의 장비와 서비스 용품을 다루는 소리, 승무원 간의 대화 소리 등이 커튼 밖으로 쉽게 들리기 때문에 주변 승객들의 수면과 휴식을 방해하지 않도록 갤리 시설물 취급 및 승무원 간 대화 시 유의하도록 한다.

Garetsworkshop / iStock / Getty Images Plus

2) 항공기 날개 주변 좌석

항공기 날개 주변 승객들이 엔진 소리로 인해 불편해하며 좌석 변경을 요청하는 경우, 빈 좌석으로 안내하고 수시로 요청사항이 없는지 확인한다. 빈 좌석이 없다면 귀마개(Earplug)를 제공하고 수시로 불편사항을 확인한다.

3) 유아 동반 승객 주변

장시간 비행의 경우 유아 동반 승객의 주변 승객들은 아이의 울음 소리와 생활 소음으로 인해 불편을 호소할 수 있다. 승무원은 유아 동반 승객을 우선적으로 적극적으로 돕고, 유아 동반 승객의 주변 승객이 좌석 변경을 요청할 경우 빈 좌석으로 안내한다.

Fly View Productions / E+ / Getty Images

4) 물 내림 소리가 잦은 화장실 주변 좌석

Alphotographic / iStock / Getty Images Plus

화장실 주변 좌석은 수시로 승객이 드나들고, 냄새와 소음이 노출되는 좌석으로 승객의 휴식에 방해가 될 수 있다. 객실 승무원은 화장실을 수시로 점검하고 승객의 요청 시 빈 좌석으로 좌석을 변경해 준다.

5) 통로 보행 시

기내 통로(Aisle)를 보행할 때 발걸음에 유의하며 걷도록 한다. 기내 바닥이 다소 얇은 재질이라 쿵쿵거리며 걸을 경우 휴식을 취하고 있는 승객에게 충격이 가해질 수 있다. 특히 기내 서비스가 끝나고 본격적으로 휴식을 취하는 시점에 이런 쿵쿵거림은 승객의 심기를 더욱 불편하게 할 수 있다. 따라서 기내 통로를 걸을 때는 소음과 충격에 유의하여 걷도록 주의한다.

ppl / Shutterstock.com

Overhead Bin 표준 업무 절차

Overhead Bin 관리 일반사항

승객의 짐을 보관하는 Overhead Bin은 무의식적으로 열고 닫는 과정에서 소음이 생길 수 있다. Overhead Bin은 다음의 표준 업무 절차를 따라 열고 닫으며, 지나치게 세게 닫아 소음이 발생하지 않도록 유의한다.

Overhead Bin 닫기

- Overhead Bin이 자연스럽게 닫히는지 확인하고 손으로 눌러서 Locking 상태를 촉수 확인한다. 이때 지나치게 세게 닫아 필요 이상의 소음이 발생하지 않도록 유의한다.
- Overhead Bin의 개폐 손잡이가 Locking 상태로 되어 있는지 육안으로 확인한다.
- 비행 중 승객이 열고 닫는 것을 발견한 경우에도 Locking 상태를 확인한다.

Overhead Bin 열기

- 1단계: Overhead Bin 아래에 착석한 승객에게 사전에 양해를 구한다.
- 2단계: Overhead Bin을 약 10cm 정도만 살짝 열고, 손을 Overhead Bin에 넣어 좌우로 떨어질 물건이 없는지 확인한다.
- 3단계: Overhead Bin을 천천히 열고 조심해서 짐을 내린다.

05

승무원 업무 활동 관리

Management of Cabin Crew Activities

객실 승무원은 고객 만족 서비스를 위해 상황별 객실 서비스 규범을 숙지하고 객실 서비스에 대한 전문적인 수행 능력을 향상하도록 한다. 또 객실 사무장은 승무원이 이러한 업무를 잘 수행하는지 관리 감독할 책임이 있다.

1. Galley 설비 관리

Galley는 기내 서비스의 준비가 이루어지는 중요한 장소이다. Galley에는 기내 서비스를 위한 다양한 설비들이 장착되어 있는데, 이 설비들의 작동법을 완벽히 숙지하고 능숙하게 사용할 수 있어야 한다. 항공기 기종마다 설비 사용법과 Galley 구조가 다르기 때문에 비행 전에 운항 기종을 파악하고 사용법을 익히도록 한다.

Steve Parsons - PA Images / Getty Images

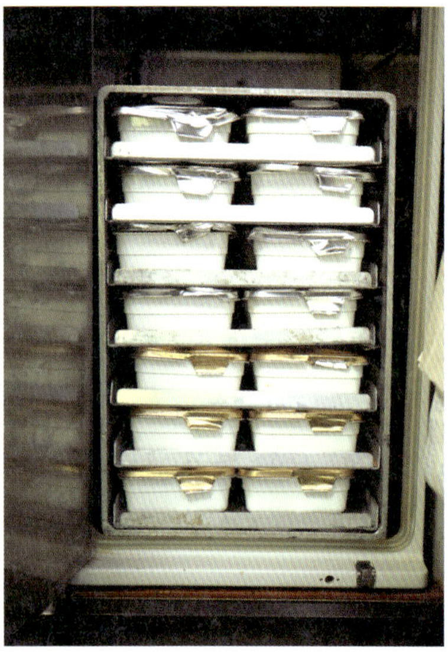

Galley에는 오븐(Oven), 커피 메이커(Coffee Maker), 워터 보일러(Water Boiler), 워머(Warmer), 칠러(Chiller), 냉장고, 압축 쓰레기통, 전자레인지 등이 설비되어 있다. 이 장비들을 사용하기 전에 사용 설명서가 부착되어 있는 경우에는 설명서 내용을 숙지한다. 또 장비 내부에 이물질이 있는지 여부를 점검한다.

1) 오븐(Oven)

오븐은 기내식, 타월, 빵 등을 데우는 데 사용한다. '온도 조절', '타이머' 등의 기능이 있는데, 각 기능이 정상으로 작동하는지 점검한다. 또한 오븐 안에 이상 물질이 들어 있지는 않은지 문을 열어 점검하고, 오븐 안의 Rack 개수가 부족하지 않은지도 확인한다.

2) 커피 메이커(Coffee Maker)

원두커피 분말 팩을 넣고 작동시켜 커피액을 내리는 기계이다. 물을 따로 넣을 필요가 없으며 '전원 버튼' 'BREW' 버튼을 눌러 작동시킨다. 'Warmer' 버튼은 내려진 커피물을 따뜻하게 유지해 주는 기능이다. 모든 버튼이 정상으로 작동하는지 일일이 눌러보아 확인한다. 때로는 손잡이가 움직이지 않는 결함이 발생하므로 손잡이를 열어 상태를 점검하도록 한다. 또 커피 Pot의 청결 상태도 잊지 않고 점검한다.

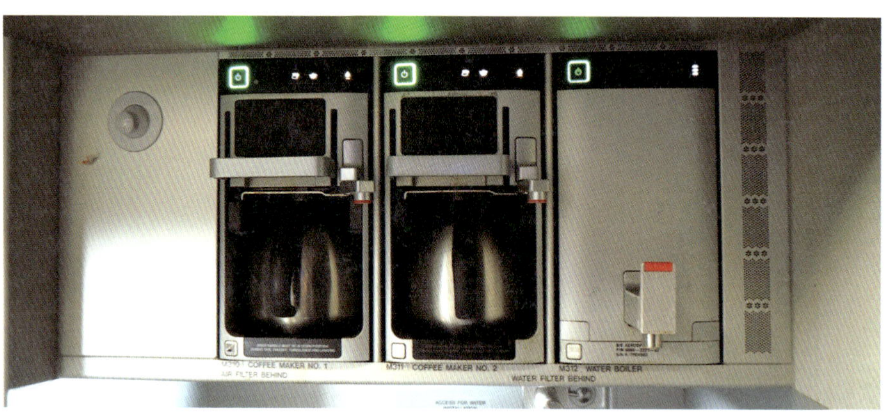

3) 워터 보일러(Water Boiler)

워터 보일러는 따뜻한 물과 차가운 물을 제공하는 기계이다. 물의 온도가 적절한지, 작동에 이상이 없는지 등을 확인한다. 사용 전에는 잊지 않고 Air Bleeding을 실시한다. Air Bleeding 시 기포와 함께 물이 나올 때 화상 우려가 있으니 주의하고, 충분히 기포를 빼지 않고 워터 보일러를 사용하면 과열에 의한 화재가 발생할 수 있으니 이 점도 각별히 유의하도록 한다.

Air Bleeding(공기 빼기)

워터 보일러를 사용하기 전에 꼭지로부터 기포 없이 물이 안정적으로 나올 때까지 충분히 물을 빼 주는 작업이다.

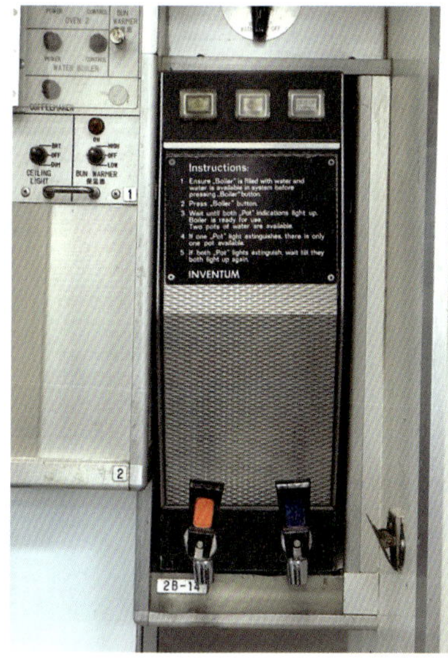

4) 냉장고

찬바람이 나오고 정상 작동하는지 확인한다.

5) 쓰레기통

모든 Galley에는 쓰레기통이 설치되어 있다. 쓰레기통 뚜껑이 항상 닫혀 있도록 관리한다. 최근 기종에는 쓰레기가 일정량 차면 자동으로 압축하는 기능이 있는 압축 쓰레기통도 있다. 작동 버튼을 눌러 작동에 이상이 있는지 확인한다.

6) 전자레인지

내부에 이상 물질이 있는지 확인하고, 작동 버튼을 눌러 작동이 원활한지 확인한다.

7) 갤리 작업 시 주의사항

- 갤리 작업 시 소음이 나지 않도록 유의하며, 주변 승객들이 불편해하지 않도록 수시로 확인한다.
- 갤리 내에서 작업하는 경우를 제외하고 이착륙 시, 서비스 시, 승객 휴식 시 갤리 커튼은 열어 둔다.
- 커튼을 치고 갤리 내에서 작업하는 경우, 밖으로 작업 소음이나 승무원 대화 소리가 새어 나가지 않도록 주의한다.
- 갤리 커튼을 여닫을 때는 커튼 윗부분을 잡고 조용히 여닫아 펄럭임을 방지

한다.

- 항공기 이착륙 시, 비행 중 갤리(주방) 내 컴파트먼트, 캐리어 박스, 오븐, 카트 등 모든 장비와 기물을 철저히 닫고 잠근다.
- 착륙 전에 모든 장비의 전원을 끈다.

2. 기타 기물 관리와 유의사항

1) 컴파트먼트, 카트, 캐리어 박스 취급 요령

- 컴파트먼트, 카트, 캐리어 박스는 이착륙 시 반드시 닫고 잠근다.
- 컴파트먼트, 카트, 캐리어 박스에서 기내 용품이나 서비스용 물품을 꺼낼 때 다른 물건이 떨어지지 않도록 유의한다.
- 컴파트먼트, 카트, 캐리어 박스 문을 여닫을 때 소음이 발생하지 않도록 유의한다.
- 통로에서 서비스 시 카트는 페달을 이용하여 고정시킨다(빨간색 페달: 고정, 녹색 페달: 이동).
- 카트를 다룰 때는 안의 내용물이 흐트러지지 않도록 유의한다.
- 카트는 안정감 있게 두 손으로 잡고, 통로를 지날 때는 승객이 다치지 않도록 유의한다.
- 카트를 통로나 도어 옆(Door Side)에 방치하지 않는다.

KITTIKUN YOKSAP / Shutterstock.com

Ajit Wick / Shutterstock.com

2) 객실 순회 시 유의사항

- 걸을 때는 가슴과 등을 곧게 펴고 시선은 승객을 향하도록 한다.
- 보행 중 다리가 벌어지지 않도록 양 무릎을 스치듯 걷고 발을 끌지 않는다.
- 뒷짐을 지거나 주머니에 손을 넣고 걷지 않으며, 팔짱을 끼지 않는다.
- 비상상황 외에는 뛰지 않으며, 급할 때는 빠른 걸음으로 조용히 걷는다.
- 이착륙 시 통로가 정돈되어 있어야 하며, 비행 중에는 정돈된 상태를 유지해야 한다.
- 승객과 마주친 경우 가볍게 목례하고 승객이 먼저 지나가도록 한다.
- 쾌적한 분위기를 유지하기 위해 사용한 컵이나 이물질 등은 수시로 치운다.

3) 승무원 대화 시 유의사항

- 승무원들 간의 대화 시 고객에 대한 험담은 하지 않는다.
- 대화 시 목소리를 크게 하지 않는다.
- 반말이나 은어 등을 사용하지 않는다.
- 장시간 대화는 피한다.

잠깐! 점검해 볼까요?

01
특별식 전달

1. 스페셜 밀 점검 방법과 주문 승객 응대 요령을 정리해 보시오.

02
기내 질서 및 쾌적한 환경 조성

1. 단체 승객 소란 발생 시 대응 절차를 기술해 보시오.

03
화장실 청결 및 환자 발생에 대한 안전사항 점검

1. 화장실 점검 요령을 정리해 보시오.

2. 화장실 안전관리 점검 요령을 정리해 보시오.

3. 기내 응급환자 발생 시 대응 절차 네 가지를 기술해 보시오.

04 기내 소음 관리

1. 기내 소음 발생 요인을 정리해 보시오.

2. Overhead Bin 표준 업무 절차를 정리해 보시오.

05 승무원 업무 활동 관리

1. 컴파트먼트, 카트, 캐리어 박스 취급 요령을 정리해 보시오.

부록

비행 관련 각종 서류

병약 승객 운송 신청서

(국내선용)

PART 1 판매부서에서 작성하십시오	**병약 승객 운송 신청서** 다음의 질문에 대해 "예" 또는 "아니오"난에 ×로 표시하고 서술부분은 인쇄체 또는 타자기를 이용하여 작성하십시오.	
A	성 명 / 직 책	
B	여행 계획 일정 (항공사, 편명, 등급, 일자 연결편의 예약상태 등)	다른 항공기로 연결 시에는 규정이상의 충분한 연결시간을 고려해야 합니다.
C	병 약 상 태	
D	STRETCHER장착 필요 여부 ("예"인 경우 반드시 호송인 동반) 아니오 □ 예 □	필요여부를 알 수 없는 경우 요청하는 비용 수준
E	호송인 인적사항 (성명, 성별, 나이, 전문 자격 소지 여부, 승객 여정과 다른 여행 구간)전문 자격 없을경우 "여행 동반"으로 적으시오.	만일 시각장애자 또는 청각장애자를위해 훈련된 인도견을 동반하는 경우 그 사실을 서술하십시오.
F	휠체어 필요 여부 아니오 □ 예 □ 휠체어 승객의 구분 WCHR, WCHS, WCHC → □ 승객이 준비합니까 아니오 □ 예 □ / 접을수 있습니까 아니오 □ 예 □ / 동력추진 여부 아니오 □ 예 □ / 수액전지 입니까 아니오 □ 예 □	수액전지를 장착한 휠체어는 수하물로 운송할 수 없으며항공사에서 요구하는 별도 조건에 부합되는 경우에만 항공기에 탑재가 가능합니다.
G	앰뷸란스 필요 여부 아니오 □ 예 □ → 항공사에서 준비합니까? 아니오 □ → 앰뷸란스회사/연락처 예 □ → 목적지의 주소	
H	기타 지상 준비사항의 필요 여부 아니오 □ 예 □ → 만일 "예"라면 아래의 각 항목에 다음사항을 포함하여 구체적으로 적으시오. (가)준비할 항공사 또는 기타 기관 (나)비용부담의 주체 (다)지상에서의 준비사항을 제공키로한 특정인이나 기관의 주소 및 전화번호 1 출발공항에서의 준비사항 아니오 □ 예 □ 구체적으로 2 연결공항에서의 준비사항 아니오 □ 예 □ 구체적으로 3 도착공항에서의 준비사항 아니오 □ 예 □ 구체적으로 4 기타 요구사항이나 관련 정보 아니오 □ 예 □ 구체적으로	
K	비행중 필요한 별도의 준비 요청 사항 아니오 □ 예 □ → 만일 "예"라면 다음사항을 포함하여 구체적으로 적으시오. (가)요청되는 구간 (나)준비할 항공사나 제 3자 (다)비용부담 주체 산소 같은 별도 장비 필요시 의사소견서의 작성이 필요합니다. 특별 기내식, 특정 좌석, 추가 좌석, 특수장비 등의 요청 여부 (뒷면 주(*) 참조)	
L	승객이 이번 여행에 유효한 Frequent Traveller's Medical Card(FREMEC)소지 여부 아니오 □ 예 □ "예"인 경우 아래의 FREMEC의 자료를 예약 기록에 반영하고, "아니오" 또는 항공사에서 요구하는 추가 자료가 있다면 승객 주치의에게 뒷면 의사소견서를 작성토록 하십시오. (FREMEC card번호) (발행기관) (유효기관) (성별) (나이) (장애내용) (장애내용) (제한사항)	

서 약 서

상기 본인은 항공사에서 본인에 대한 항공운송의 적합 여부를 판단하기 위해 요청하는 정보를__________(주치의 성명)께서 제공하는 것을 승낙하며, 이와 관련된 의사의 업무상 비밀유지 의무를 면제하며, 진료비용은 본인의 부담으로 함에 동의합니다. 본인의 운송요청이 받아들여지는 경우, 본인에 대한 항공운송은 항공사의 운송약관 및 태리프의 적용을 받으며, 동 약관 및 태리프에서 규정한 범위를 초과하는 여하한 책임도 항공사에 묻지않겠습니다. 또한 항공운송으로 인해 본인의 건강상태에 초래될 수도 있는 여하한 결과에 대해서도 본인이 이를 감수할 것이며, 항공사, 항공사 직원, 보조자 및 대리인에게 일체의 책임을 묻지 않겠습니다. 본인은, 본인의 항공운송과 관련하여 발생된 별도의 지출이나 비용에 대해서 항공사에 변재할 것을 서약합니다.
(필요시 상기내용을 승객이 읽거나 승객에게 읽어주고, 승객 또는 승객의 대리인에 의한 서명도 가능합니다.)

판매부서 :	작성일자 :	승객서명 :

KAL－CT－0026

의사소견서

PART 2	의 사 소 견 서 INCAD			
담당 주치의에 의해 작성되어야 합니다.	이 양식은 PART 1에서와 같이 항공사 의무부서가 승객에 대한 항공여행 적합 여부를 판단하는 데 필요한 정보를 제공하기 위한 것입니다. 승객이 탑승가능하다면 승객의 안녕과 안위를 위해 필요한 지침을 확정하는데 도움이 될 것입니다. 병약승객의 주치의께서는 아래의 모든 질문항목에 빠짐없이 답해 주십시오. ("예" 또는 "아니오" 칸에 적절히 "×"표 하시고, 정확하고 간결하게 필요한 사항을 서술해 주십시오.) 인쇄체 또는 타자기를 이용하여 작성해 주시면 감사하겠습니다.			
MEDA 01	환자의 성명 :	성별 :	나이 :	
MEDA 02	주치의 성명, 주소			
	전화연락처	병 원 :	자 택 :	
MEDA 03	의학적 자료 • 진 단 명 (vital sign 포함하여 자세히 기술해 주십시오.)			
		발병일 : 년 월 일	진단일 : 년 월 일	
MEDA 04	항공여행에 대한 예후	양호 □	보통 □	불량 □
MEDA 05	전염성 또는 유행성 질병입니까?	아니오 □	예 □	구체적으로 :
MEDA 06	환자의 상태가 타 승객에게 불쾌감을 유발할 수 있습니까? (악취, 외모, 행동)	아니오 □	예 □	구체적으로 :
MEDA 07	환자가 좌석등받침을 바로 세운 상태로 좌석을 이용할 수 있습니까?	아니오 □	예 □	구체적으로 :
MEDA 08	환자는 타인의 도움없이 탑승중 자신을 돌볼 수 있습니까? (식사, 화장실사용 등)	아니오 □	예 □	구체적으로 :
MEDA 09	만일 동반자가 필요하다면 PART 1의 "E"항 제안에 만족하십니까?	아니오 □ 예 □ 만족하지 않는다면 어떤 종류의 ESCORT가 필요합니까?		
MEDA 10	비행중 산소(**) 사용이 필요합니까? (필요하시면 사용량을 적어 주십시오.)	아니오 □ 예 □	LITER/분	지속적입니까? 예 □ 아니오 □
MEDA 11	환자 자신이 약물을 복용하는 것 이외의 다른 약물 투여나, RESPIRATOR, INCUBATOR등의 특수장비가 필요합니까?	(가) 공항에서 (지상) 아니오 □ 예 □	구체적으로	
MEDA 12		(나) 비행중 (기내) 아니오 □ 예 □	구체적으로	
MEDA 13	환자는 입원이 필요합니까? (필요하다면 입원 계획 내용을 그렇지 않을경우 "조치사항 없음" 으로 적으십시오.)	(가) 연결공항에서 장기체류나 야간정지시 아니오 □ 예 □	조치사항	
MEDA 14		(나) 목적지 공항 도착시 아니오 □ 예 □	조치사항	
MEDA 15	환자의 편안하고 안전한 호송측면에서 기타의 주의사항이나 정보는 없습니까?	없음 □ 있음 □	구체적으로	
MEDA 16	주치의께서 계획한 별도의 조치 사항	없음 □ 있음 □	구체적으로	

주(*) : 객실승무원은 일반 승객에 대한 서비스에 지장을 줄 수 있는 특정 승객에 대한 특별한 도움을 제공할 수 없을 뿐만아니라 응급처치 교육만 받으므로 주사, 약물 투여 등의 업무는 할 수 없습니다.

주의 : 상기의 정보와 관련된 준비와 특수장비(**)의 제공에 대한 비용은 환자측에서 부담해야 합니다.

작성일자 :	작성장소 :	주치의 서명 :

습득물 인수인계서

<table>
<tr><th colspan="5">습득물 인수 인계서</th></tr>
<tr><td>관 리 번 호
REF NBR</td><td colspan="4"></td></tr>
<tr><td>습 득 일
FOUND DATE</td><td colspan="4">200 년 월 일 시 분
(YY/MM/DD/TIME)</td></tr>
<tr><td>습 득 장 소
FOUND AREA</td><td colspan="4">FLT NBR: S/N
AREA)</td></tr>
<tr><td rowspan="2">습 득 물
FOUND ITEM</td><td>품 명
ITEM</td><td></td><td>수 량
QUANTITY</td><td></td></tr>
<tr><td>주 요
내용품
CONTENTS</td><td colspan="3"></td></tr>
<tr><td rowspan="2">습 득 자
FINDER</td><td>소 속
COMPANY</td><td></td><td>부 서
DEPT</td><td></td></tr>
<tr><td>연락처
TEL</td><td></td><td>성 명
NAME</td><td>(서 명)
SIGNATURE</td></tr>
<tr><td rowspan="2">인 수 자
DUTY</td><td>소 속
COMPANY</td><td></td><td>부 서
DEPT</td><td></td></tr>
<tr><td>연락처
TEL</td><td></td><td>성 명
NAME</td><td>(서 명)
SIGNATURE</td></tr>
<tr><td rowspan="2">세관/관계기관
CUSTOM/
RELATED DEPT</td><td>소 속
COMPANY</td><td></td><td>부 서
DEPT</td><td></td></tr>
<tr><td>연락처
TEL</td><td></td><td>성 명
NAME</td><td>(서 명)
SIGNATURE</td></tr>
<tr><td rowspan="2">처 리 내 역
RESULT</td><td colspan="4">고객인도(폐기) 년 월 일 담당자:
이관기관 년 월 일 담당자:</td></tr>
<tr><td colspan="4">DETAIL DATE AGENT:</td></tr>
<tr><td>부서장확인
MANAGER</td><td colspan="4">직 위:
POSITION 성 명
NAME (서 명)
SIGNATURE</td></tr>
</table>

기내 접수 서류 LIST

(객실용)

기내접수 서류 LIST

OUT : KE019 출발일 : 2018. 7. 13 사무장:(ID)

서류 명	접수 매수	고객 이름
사전주문서	—	CHO SONG CHUL

IN : KE020 출발일 : 2018. 7. 13 사무장:(ID)

서류 명	접수 매수	고객 이름
SKYPASS	—	CHOI MYEONGSUK

주1) 면세품 사전주문서는 기판담당 승무원이 기판 수납 창구에 직접 인계
주2) 기내서신은 고객이름에 수신인 이름 기재 (확인 불가시 기재 불요)
주3) 객실용은 사무장이 1개월 보관후 폐기

상기와 같이 기내접수 서류를 인계 인수 하였음

사 무 장: (서명)

운송직원: (서명)

KAL-UA-103K Rev Date : 2016.08

IN-FLT SERVICE LIQUOR LIST

(FR☐, PR☐, EY☐)

ARV. FLT. NO. & DATE: KE___ ___._____ A/C NO.: HL_______ DEP. FLT. NO. & DATE: KE___ ___._____

MERCHANDISE		CLASS	LOADED	LEFT OVER	SEAL NO.
WHISKEY	: CANADIAN CLUB 375ML	FR, EY			A 1.
	: GLENFIDDICH 500ML	FR			2.
	: JACK DANIEL 375ML	FR			3.
	: J/WALKER BLUE	FR			4.
	: BALLANTINES 17YRS	PR			U/D 1.
	: CHIVAS REGAL 18YRS	PR			2.
	: GRANT'S 500ML	EY			3.
	: JIM BEAM WHITE 500ML	EY			4.
	: J/WALKER BLACK 500ML	EY			B 1.
					2.
RUM	: BARCARDI RUM 375ML	FR, PR			3.
GIN	: BEEFEATER GIN 500ML	FR, PR, EY			4.
VODKA	: STOLICHNAYA VODKA	FR, PR, EY			C 1.
					2.
LIQUEUR	: BAILEYS IRISH CREAM	FR, PR			3.
	: CAMPARI BITTER 5THS	FR, PR			4.
	: COINTREAU	FR, PR			5.
	: CREME DE CASSIS 350ML	FR, PR			6.
	: CREME DE MENTHE 375ML	FR, PR			7.
	: PORT WINE SANDEMAN	FR, PR			8.
	: TIO PEPE SHERY 375ML	FR, PR			D 1.
	: VERMOUTH DRY - WHITE	FR, PR			2.
	: COGNAC X.O	FR, PR			3.
	: COGNAC V.S.O.P.	EY			4.
					5.
JEONTONGJU	: BAEG HA JU	FR			6.
	: SAN SA CHUN 375ML	FR			7.
					8.
CHAMPAGNE	: DOM PERIGNON	FR			E 1.
	: DOM RUINART 93	FR			2.
	: KRUG GRAND CUVEE	FR			3.
	: NICOLAS FEUILLATTE	PR			4.
					5.
RED WINE	: CALIFORNIA	FR			6.
	: FRENCH	FR			7.
	: OTHER	FR			8.
	: CALIFORNIA	PR			
	: FRENCH	PR			
	: OTHER	PR			
	: CALIFORNIA	EY			REPLACED SEAL NO.
	: FRENCH	EY			
	: OTHER	EY			
WHITE WINE	: CALIFORNIA	FR			
	: FRENCH	FR			
	: OTHER	FR			
	: CALIFORNIA	PR			
	: FRENCH	PR			
	: OTHER	PR			
	: CALIFORNIA	EY			
	: FRENCH	EY			
	: OTHER	EY			
					DELIVERED BY
BEER	:				RECEIVED BY

( ) CUSTOMS INSPECTOR'S

DATE : __________ HAND OVER BY __________ TAKEN OVER BY __________

PURSER'S ⑥

기내 우편 봉투

기 내 우 편
(IN-FLIGHT MAIL)

♡ 손님의 편지는 소중합니다.
분실되지 않도록 유의하시기 바랍니다.

일 자	편 명	구 간	수 량	사무장확인
	KE	/		
	KE	/		
	KE	/		

도착지 공항에 POUCH와 함께 공항직원에게 인계하시기 바랍니다.
(단, 경유지와 최종 도착지가 같은 국가일 경우 최종 도착지에 인계)

승무원용 세관신고서(미국)

Form Approved OMB No.1651-0021

DEPARTMENT OF HOMELAND SECURITY
U.S. Customs and Border Protection

1. Crew Member's Article No.

CREW MEMBER'S DECLARATION

19 CFR 4.7, 4.7a, 4.81, 122.83, 122.84, 148.61-67

Nr T 5896154

2. Carrier (Vessel Flag, Name)		3. Date of Arrival	4. Port of Arrival
5.Crew Member's Name	6. Rank	7. Date of Birth	
8. Address			

9. Answer Each Question:

A. Are you carrying any fruits, plants, meats, other plant or animal products, birds, snails, or other live organisms of any kind? ☐ Yes ☐ No

B. Have you been on a farm or ranch outside the U.S.A. in the last 30 days? ☐ Yes ☐ No

C. Are you carrying over $10,000 in monetary instruments, such as coin, currency, traveler's checks, money orders, or negotiable instruments in bearer form? (If yes, you must file a report on FinCen 105.) ☐ Yes ☐ No

INSTRUCTIONS

List all articles obtained abroad and prices paid or fair value if not purchased. Include serial number with all articles subject to registration such as cameras, radios, etc.

List articles to remain on board separately from those articles to be landed in the United States.

List separately articles intended for sale, barter, exchange, or carried by you as an accommodation for someone else.

See additional instructions and information on reverse.

I. To be filled in by Crew Member		II. For CBP Officer's Use			
Quantity and Description of Goods	Cost or Value of Gifts, etc.	Tariff Description	Value	Rate	Duty

I certify that the above statement is a just, true and complete account of all articles of foreign origin for which written declaration and entry are required when landed in the United States (defined on reverse side) and I also certify that this statement is a just, true, and complete declaration of all such articles which I am landing in the United States.

TOTAL

10. CBP Officer Accepting Entry	11. Signature of Crew Member	12. Date

RECEIPT FOR DUTY AND RELEASE SLIP To be filled in by Crew Member	Port	Crew Member's Article No.
Name	Carrier	Nr T 5896154
Repeat List of Articles to Be Landed (include serial numbers when appropriate)		For CBP Officer's Use
		Date / Duty $
		Articles listed at left have been examined and passed
		Pieces of Baggage Released:
		of U.S. Customs and Border Protection

The CBP officer accepting the declaration and entry shall draw lines through unused spaces on receipt with ink.
Notice: Liquidation of amount of duties and taxes, if any, due on this entry is effective on date of payment of this amount (Section 159.10, C.R.)
For importer's right to protest or Government's right to re-determine this amount, see section 514 Tariff Act of 1930 as amended.

CBP Form 5129 (02/01)

항공기 출입요구서

별지 제8호 서식 : 항공기출입요구서

국토교통부

Ministry of Land, Infrastructure and Transport

Republic of Korea

항공기출입요구서
REQUEST FOR ACCESS TO AIRCRAFT

발급번호 제OP-　　호

이 항공기출입요구서를 소지한 자는 항공안전법 제77조 및 제132조와 운항기술기준 8.1.8.11의 규정에 의하여 항공기의 조종실출입 공무수행자임을 증명합니다.

Pursuant to the Aviation Act and Flight Safety Regulations, access to aircraft is requested for the person herein named

□ 항공기탑승　□ on a must fly /　□ 관찰 • 점검좌석제공　□ space available basis from

검사관 성명 Inspector's name		검사관 소속 • 직급 Inspector's Title		증명서번호 Credential No.	
항공사명 Name of Operator					
검사일자 Date		시간 Time		비행편명 flight No.	

점 검 노 선 THE ROUTE(S) TO BE FLOWN			
From		To	검사관 서명 Inspector's Signature ______________
From		To	
목적 PURPOSE			

년　　월　　일

국토교통부장관 또는 지방항공청장 (직인)

경 고 !

귀하는 승무원의 정당한 업무를 방해하고 있습니다.
이는 항공 안전 및 보안에 관한 법률에서 명시한 위법행위이며, 동법에 의거하여 법적 처벌을 받을 수 있습니다.
승무원의 지시에 따라 즉시 중단하여 주십시오.

- 항공 안전 및 보안에 관한 법률이 금지하고 있는 기내업무 방해행위는 다음과 같습니다.
  (항공 안전 및 보안에 관한 법률 제23조)

1. 폭언, 고성방가등 소란행위
2. 기내 흡연
3. 주류나 약물을 음, 복용하고 타인에게 위해를 초래하는 행위
4. 성적 수치심을 유발하는 행위
5. 기내 사용 금지 전자기기를 사용하는 행위
6. 당사의 허락없이 조종실 출입을 기도 하는 행위
7. 항공기내에서 폭행, 협박 또는 위계행위로 승무원의 정당한 직무 집행을 방해하여 항공기와 탑승객의 안전 운항이나 여행에 위험을 유발한 경우

- 경고후 기내업무 방해행위가 지속될 경우 저희 승무원에 의해 공항 경찰에 인계 될 수 있으며 법적 처벌을 받게 됩니다. (징역 및 벌금형)
- 손님의 행위와 관련하여 당사가 취한 일련의 조치에 의해 당사에 손해가 발생하였을 경우 그 일체의 배상을 손님에게 청구합니다.

NOTICE !

Interference on board an aircraft will not be tolerated.
Your behavior may be in violation of the Aircraft Safety & Security Act.
Please follow the instructions of the cabin crew.

- **Examples of interference**
  (Aircraft Safety & Security Act 23)

1. Verbal abuse / Physical Assault
2. Disregard of smoking regulations
3. Intoxicated and disorderly conduct
4. Sexual harassment
5. Operation of an electronic device when prohibited
6. Attempt to enter cockpit without the permission of KAL
7. Threatening, Intimidating, or interference with flight crews or any other individuals.

- If you do not refrain from these activities, you will be prosecuted.
  Aircraft Safety & Security Act.
  penalties for interfering such as the above (those stated above), to include substantial fines, imprisonment or both.
- If any damages are incurred by KAL as a result of measures taken in relation to your behaviour, such as returning to the port of embarkation, compensation will be demanded in full.

警 告 !

あなたは、乗務員の正当な業務を妨害しています。
これは 航空機の安全及び保安に関する法律に明示されている違反行為であり、法による処罰を受けることがあります。
乗務員の指示に従い、直ちに妨害行為をおやめください。

- 航空機の安全及び保安に関するにより禁じられている妨害行為は、次のとおりです。
  (航空機の安全及び保安に関する法律 第23條)

1. 暴言、大声で騒いだり、歌を歌ったりする騒乱行為
2. 機内での喫煙
3. アルコール類又は薬物を飲用、服用して他人に危害を及ぼす行為
4. 性的いやがらせ
5. 機内で使用が禁止されている電子機器の使用
6. 当社の許可なく操縦室に入ろうとする行為
7. 航空機内における、暴力、脅迫または、危険な行為により、乗務員の正常な業務遂行を妨害し、航空機を乗客の安全を脅かす行為

- 警告後も機内業務妨害が続く場合、当社乗務員により司法当局に引き渡され、法的処罰を受けることがあります。（禁固刑、罰金刑）
- お客様の行為に関連して当社が取った措置によって、当社に損害が発生した場合、その一切の賠償をお客様に請求いたします。

WITNESS REPORT

WITNESS REPORT

FLT No ______ **Date(YYMMDD)** ___/___/___ **From/To** ___/___

1. 목격자 승객 정보 (Witness Information)

Name ______ Seat No ______ Signature ______

E-Mail ______ Cell Phone ______

Address ______

2. 발생 시점 및 장소 (Time & Location of Incident)

Time Approx ___:___ Korean Standard Time

Location ☐ Aisle ☐ Seat ☐ Door Side ☐ Galley ☐ Lavatory ☐ Others ______

3. 업무 방해행위 유형 (Specific Outcome)

☐ 고성/분노표출(Violent Yelling/Rage Expression)
☐ 욕설/폭언(Verbal Abuse/Violent Language)
☐ 성희롱(Sexual Harassment / Assault)
☐ 항공기 점거 농성(Aircraft Illegal Occupation)
☐ 항공기 파손(Damage to Aircraft)
☐ 제반 규정 위반 행위(Violation of General Regulations)
☐ 승객간 싸움(A Fight with Other Passenger)
☐ 자해(Self Injury)
☐ 협박(Threatening)
☐ 폭행(Physical Assault)
☐ 흡연(Smoking)
☐ 무기사용(Use of Weapon)
☐ Door 작동(Door Operation)
☐ 만취 난동(Alcohol-related Disturbances)
☐ 기타 (Others) ______

4. 발생 주요 원인 (Specific Cause)

☐ 정신적 불안감(Sense of Uneasiness)
☐ 서비스 불만(Dissatisfaction with Service)
☐ 전자기기(Electronic Devices)
☐ 탑승권 확인(Boarding Pass)
☐ 음주(Alcohol)
☐ 좌석배정(Seating)
☐ 약물중독(Drug Related)
☐ 알 수 없음(Unknown)
☐ 기타(Others) ______

5. 목격 상세 내용(Additional Comments)

뒷면 사용 가능

KAL-UA-07 2008.01.01
Cabin Safety Standard Team

PURSER'S FLIGHT REPORT (전면)

Purser's Flight Report

FLT NO / 내역	KE	KE	KE	KE
출발일				
구간	-	-	-	-

1. Crew

사무장				
Taser				
Sales				
방송				
Duty Crew	명	명	명	명
Extra Crew	명	명	명	명

2. SPCL PAX INFO

①UM, ②FMLY, ③WCHR, ④SPML, ⑤VIP/CIP/KIP, ⑥MEDA, ⑦STRC, ⑧INAD, ⑨DEPO, ⑩기타

구간	구분	인원	내역	구간	구분	인원	내역

3. Pouch 내역

①SKYPASS신청서, ②고객서신, ③귀국편 사전주문서, ④입국서류, ⑤CO - Mail, ⑥라운지 신문, ⑦Coupon, ⑧기타

구간	품목	수량	위치	구간	품목	수량	위치

PURSER'S FLIGHT REPORT (후면)

4. 인수 인계 품목

구간			Home Base/		/		/		Home Base
품목	탑재량	위치	잔량	Seal No	잔량	Seal No	잔량	Seal No	인계량
Taser									
Video Box									
어린이 용품									
Baby Bassinet									
FR 편의복									
FR Headphone									
FR Amenity Kit									
PR Amenity Kit									

5. Manual 및 양식 탑재 내역 (기준탑재량과 상이할 경우 ,General Report로 보고 요망)

긴급체포서 & 피의자 심문조서	☐ 유 / ☐ 무	☐ 유 / ☐ 무	☐ 유 / ☐ 무	☐ 유 / ☐ 무
COM (737 - 2권 / Others – 3권)	개	개	개	개

6. 연결 구간 전달 사항 (기내에서 발생한 특기 사항은 Cabin Report 또는 General Report로 작성 및 제출이 원칙임.)

①DLA/DVT, ②발송품, ③객실 정비, ④PAX COMPLAINT, ⑤환자, ⑥SPCL RQST PAX, ⑦PAX INFO, ⑧기타

구간	구분	내용

SELUF
등록일자 : 03. 01. 01

KAL UA 01
개정일자 : 15. 01. 31.

현행 범인 체포서

[별지 제1호서식]

<table>
<tr><td colspan="3">현행범인체포서</td></tr>
<tr><td rowspan="4">피
의
자</td><td>성 명</td><td>( )</td></tr>
<tr><td>생 년 월 일</td><td>. . . (세)</td></tr>
<tr><td>직 업</td><td></td></tr>
<tr><td>주 거</td><td></td></tr>
<tr><td colspan="2">변 호 인</td><td></td></tr>
<tr><td colspan="3">위의 피의자에 대한 피의사건에 관하여「형사소송법」제212조에 따라 동인을 아래와 같이 현행범인으로 체포함

. . .
항공운송사업자(항공)
항공기내보안요원 □</td></tr>
<tr><td colspan="2">체 포 한 일 시</td><td></td></tr>
<tr><td colspan="2">체 포 한 장 소</td><td></td></tr>
<tr><td colspan="2">범 죄 사 실 및
체 포 의 사 유</td><td></td></tr>
<tr><td colspan="2">체 포 자 의 관 직 및
성 명</td><td></td></tr>
<tr><td colspan="2">인 치 한 일 시</td><td></td></tr>
<tr><td colspan="2">인 치 한 장 소</td><td></td></tr>
<tr><td colspan="2">구 금 한 일 시</td><td></td></tr>
<tr><td colspan="2">구 금 한 장 소</td><td></td></tr>
</table>

210mm×297mm(백상지 80g/m²)

참고문헌

김영훈, 나현숙(2010), 고객만족경영을 위한 서비스 네비게이션, 아카데미아

대한항공, 객실 승무교범

대한항공, 객실 현장 기본과정 능력 향상 과정

박혜정(2010), 고객서비스실무, 백산출판사

양정미 외(2019), Airline Cabin Service, 센게이지러닝

유문주 외(2020), 객실승무 관리업무, 센게이지러닝

정수연 외(2013), 롤플레이 비밀노트, 씽크스마트

최성수(2020), 객실 승무 관리, 한올

관세청 홈페이지 www.customs.go.kr

구글 포털사이트 www.google.com

국가직무능력표준 ncs.go.kr

네이버 지식백과 www.naver.com

대한항공 홈페이지 www.koreanair.com

아시아나 홈페이지 flyasiana.com